# 金融機関の
# 反社取引
# 出口対応

―関係遮断の実際と手引き―

森原憲司 著
Kenji Morihara

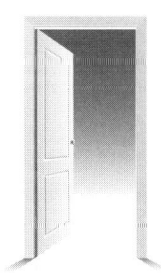

経済法令研究会

# はじめに

　本書は、金融取引のうち預金取引・融資取引を取り扱っている金融機関の反社会的勢力との関係遮断、とりわけ出口論の取引解消の実務について力点をおいて著したものです。
　また本書は、金融機関の現場の悩みをベースとしており、書式例やロールプレイングシナリオ等を収録したことで、実務にすぐに役立つことを狙いとしています。
　金融機関の反社会的勢力排除のサポートをするようになって20年近く経過した今現在の私の考え方、取組方法を整理して提示することによって、読者の皆様の実務の一助となることを願っております。

**20年前の金融暴排と昨今の金融暴排**
　平成21年4月に上梓した拙著『反社会的勢力対策とコンプライアンス』（経済法令研究会）は、平成19年6月に「政府指針」がリリースされてから1年9か月経過時の出版で、金融機関の暴排がいよいよ動き始めた時期と重なったこともあり、金融暴排の手引書として種々お役に立てたようです。拙著をきっかけに多くの金融機関の抱えている「本当に困っていること」について相談を受ける機会が増えました。実務では、本に書いてないこと、セミナーで語られないことが次々に起こります。金融暴排の胎動期ともいえる平成21年から22年頃は、金融機関と反社会的勢力との本格的な関係遮断がスタートしたばかりで、走りながら考えることの連続でした。
　この状況は、私が弁護士登録した頃の状況と重なっていました。
　私が弁護士登録した平成7年当時は、金融機関の不良債権処理のために競売申立が続々となされた時代です。この当時は、新手の執行妨害が次々と発案・実行される時代でした。執行妨害に対抗するための保全処分については、当時、私のボス弁であった今井和男弁護士が数多くの実績を上げていたので、民事執行法上の保全処分のフレームはほぼ完成の領域に近づいていました。
　しかしながら、例えば、担保物件のビルに多数の国籍を異にする外国人30名

あまりが占有をかけ、裏で仕切っている暴力団から、弁護士や警察が来たら「日本語ワカリマセーン」と言うように指導されているケースなどは、そもそも法的な申立を行う際の相手方の氏名がわからないといった面倒な問題が立ちふさがることになりました（現在は、民事執行法の改正により氏名不詳時にも法的な対応が可能となっている）。ちなみに、仕切り役の暴力団員からは、「ビルの中は薬物使用の注射針がいたるところに落ちていて、誤って踏んだりしたら恐ろしい病気になっちゃうよ」とか「連中は、争い事があると日本人と違ってすぐナイフを抜くから危ないよ。俺の首筋の傷跡もあいつらの諍(いさか)いの仲介に入ったときの怪我だ」などと、おどろおどろしい話をたくさん聞かされました。

　しかし、こんな状況でも、依頼者に対して「占有者の名前がわからないから、この物件は塩漬けです」とは言えません。師匠であった今井弁護士は「ネバーギブアップ」をモットーとする弁護士ですから、弟子の私も依頼者のために打開策を見つけるべく解決策を模索しました。

　どうすればいいのか？

　まずは、「ひたすら考える」ということです。ひたすら考えれば答えは必ず見つかります。先の多国籍軍による執行妨害も考え抜いた結果、無事解決しました。占有していた者らがパスポートを持ってコンビニエンスストアのコピー機に行列を作ってパスポートのコピーを行い、コピーを次々に私に交付するという展開になったのです。

　現在の口座取引・融資取引の遮断にも似たような側面があります。「暴排条項導入後の契約は暴排条項に基づいて解約すればよい」という正解は簡単に出てきます。しかし、実務では正解どおりにことは進みません。20年ほど前に私が直面した執行妨害事件も金融機関に関係する事件ですが、執行妨害事件に際して金融機関の皆様の知恵を借りることはほとんどありませんでした。威嚇・偽計を用いて執行妨害を行う暴力団員らにどのように対抗するかといったことについて、金融機関の役職員の経験が役に立つ場面はそれほど多くなかったからです。

　これに対して、口座取引・融資取引の解消にあたっては、多くの金融機関の担当者の皆様の意見が本当に役に立ちました。20年前の執行妨害事案と異なり、このたびの金融暴排は、金融機関の担当者の皆様と共同で知恵を出し合う作業が非常に有益でした。口座取引であれ融資取引であれ、金融機関の現場の取扱

いやその取扱いの背景事情をきちんと理解することによって初めて現実的な提案ができるからです。

　反社会的勢力と取引したくて取引している金融機関などありません。取組当時の事情は種々あるにせよ、政府指針が平成19年6月にリリースされた以降に、問題取引をなんとかしたいと真剣に考えて取引の未然防止および既存取引の解消の取組みを始めた金融機関は少なくありません。データベースの構築、取引の解消、すべて手探りの中で、それでも「金融機関を取り巻く社会環境の変化に即した金融機関自身の変化」を金融機関自らの課題として、担当者の皆様は、それを実現すべく知恵を絞りました。少なくとも私がお手伝いさせていただいた金融機関の皆様は金融暴排を押し付けられたものとして受け止めていませんでした。金融機関の社会的責任を自覚し、主体的に取り組んでいる方々ばかりでした。熱意あふれる担当者の皆様に私が叱咤激励されている感覚すらありました。

　私が、金融機関の皆様に様々な提案ができるのも、これまでの皆様からの知恵出しや勇気付けがあったからこそだと感じています。感謝申し上げます。

　さらに、関係遮断に向けた様々な取組みを進めていくに際して外部専門機関として絶対に外せないのは警察です。保護対策、情報提供その他様々な場面で金融機関の役職員や私がどれだけの安全を確保いただいたかは、とても言葉に尽くせません。警察との連携の場面では、「暴力団排除」にかける警察官の気概に触れ、心が震えたことが幾度となくあります。

　本書は、こうした金融機関担当者の反社会的勢力との関係遮断に向けた熱意と警察のサポートがあればこそ書き上げることができたといえます。皆様への感謝の気持ちを込めて書き上げた本書が実務に少しでもお役に立てれば望外の幸せです。

## 本書は金融機関担当者の質問をベースとした本

　本書は、いくつかの反社会的勢力排除に関する大項目ともいうべきテーマを採り上げたうえで、多くの金融機関から寄せられるご質問にお答えするという形式としました。幸いなことに、私は各金融機関の協会や研修所および個社から講演依頼を頂戴することが少なくなく、事前質問票や当日の質問を通じて、重複する質問も含めると年間数百件の質問を頂戴する機会を得ております。私

がセミナーにおいて昼休憩も含めたすべての休憩、およびセミナー終了後の時間を使って最後のお一人のご質問まで対応させていただいていることは、参加された方々はご存じのとおりです。これは、私が現場の悩みを知らずして最適な方法論を考えることはできないと考えているからです。そのようにして私が得た各金融機関の悩みは共通することが多く、本書では共通項となる質問を抽出して回答させていただくこととしました。なお、個別の質問にも大変興味深い質問もありますが、個社の特定を避けるべくそのような質問については触れておりません。

　皆様の質問のウェイトはその年によって変わってきます。入口論のデータベース等に関する質問は年々減っています。口座解約に関する質問はさほど変わりません。生活口座をどうするかといった質問、家族の口座はどうするかといった質問が主流です。最近、とみに増えているのが融資取引の解消に関する質問です。おそらくデータベースに関する質問は、多くの金融機関で規模・特性に応じた対応を進めてきており、一定の成果が出たため減少しているものと思われます。

　口座取引の解消は数年前から現在に至るまで多くの金融機関が悪戦苦闘しており、融資取引の解消に関する質問の増加は、メガバンクの行政処分が引き金となっているものと思われます。そのような現場の問題意識に答えるという観点から、本書では入口論については紙幅を割いておりません。取引解消に関する出口論に多くをあてています。

　出口論に関しては、口座取引か融資取引か、暴力団排除条項は導入済みか否かといった視点から取引の態様を分類すると22の類型が出てきます。22の類型について、一挙に解を提示しておりますので、出口論に関するあらゆる悩みに対応できるのではないかと思います。

　また、質問の中で意外に多いのが「職員の身の安全」に関する質問です。質問票等のペーパーでいただく質問は複数の質問が記載されていることが多いので、単純に質問数の累計でいえば、これが最多の質問となるかもしれません。苦笑いしてしまう質問としては「取引解消に要する弁護士費用」といったものも毎回数名の方からいただきます。

　よって、本書では、職員の身の安全に関する質問についても、できるだけ詳しく解説させていただくこととしました。

なお、質問によっては、それに回答を示すことで反社会的勢力に材料・武器を与えてしまう性質のものも存在します。そのような質問についてはあえて踏み込んだ記述はしておりません。このようなことは反社会的勢力排除に関する論考の宿命といってもよい事柄ゆえ、何卒ご理解いただきますようお願いいたします。

**書式モデル・ロールプレイングシナリオの解説**

　さらに、本書には私が使用している「合意解約招致通知」を一つのモデルとして巻末に掲載しております。この通知はあくまで交渉の口火であり、これを出したからなんとかなるというものではなく、主戦場は交渉の場です。その点には、くれぐれもご留意ください。

　また、ロールプレイングのシナリオを掲載するとともに解説を記しております。この中に解約交渉のシナリオも入っているので、参考にしてください。ちなみに、弁護士が相手を説得するシナリオがありますが、弊所のスタッフから「これって、いつも森原さんが話していることそのまんまですね」と言われました。肝となる交渉の実際の一端をつかんでいただければ幸いです。

　本書の執筆にあたっては、私に民暴対応の基本を叩きこみ、自らの背中で「人様に迷惑をかける奴を見て見ぬふりをしてはいかんぞ」ということを教えてくださった今井和男弁護士、いつも貴重なアドバイスをくださる全国暴力団追放運動推進センター参与・警視庁暴力団対策課第八代課長の中林喜代司氏、名古屋方面に私が赴いた際、皆様で大歓待してくださった愛知県弁護士会民暴委員会の先生方、とりわけ毎回熱い議論にお付き合いくださる田中清隆弁護士と小林和正弁護士、さらには遅筆の私に辛抱強く対応くださった経済法令研究会の中原秀紀氏に心より感謝申し上げます。

　　2014年7月

　　　　　　　　　　　　　　　　　　　　　　　　　森原　憲司

# 目次

はじめに

## 第1章　反社会的勢力の現状

### 1　反社会的勢力とは何か……2
1　社会からみた反社会的勢力とは　2
2　「ブラック反社」と「グレー反社」　5

### 2　警察のデータからみる暴力団の現状……7
1　暴力団構成員等の推移について～平成23年以降激減している事実～　7
2　暴力団犯罪の検挙状況　11

### 3　司法の包囲網……14
1　「蛇の目ミシン株主代表訴訟事件」の事実関係の概要　14
2　裁判所の判断　15
3　近時の裁判例にみられる金融機関の社会的責任について　17

### 4　行政の包囲網……20
1　きっかけとなる政府指針　20
2　政府指針によって変容した反社会的勢力を取り巻く社会環境　22

### 5　立法の包囲網……25
1　暴力団排除条例　25
2　改正暴力団対策法と改正犯罪収益移転防止法　26

## 第2章　金融機関の対応
～担当者から寄せられる質問を中心に～

### 1　職員の安全確保……28
1　質問の傾向の変化　28

2　職員の身の安全の確保　28
　　3　ブラック反社が相手の場合　31
　　4　グレー反社が相手の場合　33
　　5　組織としての対応・意識　34
　　6　外部専門機関との連携〜警察〜　34
　　7　外部専門機関との連携〜弁護士〜　38
　　8　職員の身の安全に関するまとめ　44
2　口座取引・融資取引からの反社会的勢力排除における
　　22の類型……………………………………………………………46
　　1　22の類型の概要　46
　　2　22の類型の詳解　49
　　3　メガバンク行政処分事件を通じての私自身の反省　58
3　口座取引解消の実際……………………………………………61
　　1　強制解約か合意解約か　61
　　2　生活口座の取扱い　72
　　3　家族名義の口座について　73
　　4　解約の順番〜動きのある口座からか、大物口座からか〜　75
4　融資取引解消の実際……………………………………………77
　　1　債権回収の極大化か反社会的勢力との早期関係遮断か　77
　　2　約定弁済継続の可否　80
　　3　融資先はホワイト、その先がブラックというケース　85

## 第3章　実務に役立つロールプレイングシナリオ

1　解約通知に対する電話でのリアクション（良い例）………88
2　解約通知に対する電話でのリアクション（悪い例）………98
3　反社と対面して交渉する場合（良い例）……………………106
4　反社と対面して交渉する場合（悪い例）……………………120

| | | |
|---|---|---|
| 5 | 暴力団を脱退してから5年を経過した通知対象者への対応 | 135 |

## 第4章　社会は確実に変わる

| | | |
|---|---|---|
| 1 | 今後の課題 | 140 |
| 2 | あんたはヤクザをどう思ってんだ？ | 143 |
| 3 | 私はヤクザよりキレやすい一般人の方が怖い | 146 |
| 4 | 社会は確実に変わる | 149 |

—資料—
- 資料1　代理人に関する確認シート（例）　152
- 資料2　第1弾の合意解約招致レター　153
- 資料3　第2弾の合意解約招致レター（黙示の承諾）　156

---

**本書の内容に関する訂正等の情報**

　本書は内容につき精査のうえ発行しておりますが、発行後に訂正（誤記の修正）等の必要が生じた場合には、当社ホームページ（http://www.khk.co.jp/）に掲載いたします。

　　（ホームページトップ：　メニュー　内の　追補・正誤表　）

# 第1章
# 反社会的勢力の現状

1 反社会的勢力とは何か ……… 2
2 警察のデータからみる暴力団の現状 ……… 7
3 司法の包囲網 ……… 14
4 行政の包囲網 ……… 20
5 立法の包囲網 ……… 25

# 1 反社会的勢力とは何か

## 1　社会からみた反社会的勢力とは

　反社会的勢力排除については、平成19年6月に「企業が反社会的勢力による被害を防止するための指針」（以下、「政府指針」といいます）がリリースされ、翌20年3月に金融庁監督指針に政府指針の反社会的勢力との関係遮断についての態勢整備が盛り込まれました。その後、金融庁検査において反社会的勢力に関する事項がしばしば重点検査項目とされるようになったことは周知のとおりです。

　「反社会的勢力との関係遮断」というとき、「関係遮断」は比較的理解しやすいところだと思います。新規契約であれば謝絶、既存契約であれば解消（将来的な解約と遡及効のある解除を総称するものとして「解消」という語を使います）ということになります。もっとも、「関係遮断」それ自体の内容は前記のとおり比較的理解しやすいとしても、「生活口座」はどうすべきかといった、「関係遮断すべき対象取引の範囲」に関する問題も出てくるので、やはりそう単純な話ではなさそうです。

　わかったようで、よくわからないのが「反社会的勢力」という概念です。

　平成26年6月19日全国銀行協会平野会長記者会見要旨によると、反社会的勢力排除の課題として、「反社会的勢力の明確な定義が金融機関のなかにあるわけではないということである」と言及されています。「反社会的勢力」という概念は、反社会的勢力を構成する個々の問題ある属性を有する輩の総称です。

　私はある信用金庫の研修で、「反社会的勢力の構成要素としてどういった方々が思い浮かびますか」と受講者に尋ねてみました。1人目の回答者は「暴力団です」と答えました。正解です。続いて2人目の人に「暴力団以外に反社会的勢力という概念の中にはどういう人が入ると思いますか」と尋ねると答え

に詰まるのです。

　さらに、私は、「みなさんの金庫の規定を読むと、反社会的勢力の構成要素として『社会運動標ぼうゴロ』というものもありますが、『社会運動標ぼうゴロ』って聞いたことのある人はいらっしゃいますか」と問いました。半分くらいの方の手が挙がります。「では、今、手を挙げた人の中で『社会運動標ぼうゴロ』の説明ができる人はいらっしゃいますか」と問うと、見事にゼロです。

　実は、ほとんどの人にとって「反社会的勢力」という概念の中核となるのは、暴力団ないし暴力団員なのです。しかし、実際には、暴力団以外にも、「暴力団を辞めて5年経過しない人」、「準構成員」、「総会屋」、「社会運動標ぼうゴロ」、「共生者」、「密接交際者」等々、いろいろなものが「反社会的勢力」という概念に詰め込まれているので、様々な疑問が生まれてきます。例えば「暴力団員の妻」はどこに位置づけられるのか、とか「準暴力団（半グレ）」は反社会的勢力に該当するのか、暴力団員とともに逮捕された会社員はどう扱うべきなのか、といった疑問です。ちなみに、準暴力団に関する警察庁通達（「準暴力団に関する実態解明及び取締りの強化について」(警察庁平成25年3月7日)）には「反社会的勢力」という言葉は出てきません。なお、平成26年3月にリリースされた警察庁「平成25年の暴力団情勢」の中のトピックスとして「準暴力団」が採り上げられるに至りました。

　メカバンク行政処分事件は、このような「反社会的勢力」という概念が定まっていないことに端を発する、ある種不幸な事件であったと私は考えています。

　金融庁の行政処分は「提携ローンにおいて、多数の反社会的勢力との取引が存在することを把握してから2年以上も反社会的勢力との取引の防止・解消のための抜本的な対応を行っていなかったこと」という記述であったのに、行政処分発令後の翌朝の新聞紙上に踊った活字は「暴力団向け融資2億円」「230件」「2年放置」というものです。

　金融庁の行政処分には「反社会的勢力」という言葉はありますが、「暴力団」という言葉は出てきません。マスコミは、「反社会的勢力」＝「暴力団」と受け止めたのでしょう。ところが、230件のうち暴力団向け融資は警察への属性照会が可能とされた取引のうち数件だけであったということが後に判明しまし

た。メガバンクの反社会的勢力データベースには暴力団員以外の者も数多く登録されていたとのことです。反社会的勢力は、先に述べたとおり暴力団以外にも様々な者が入り得るので、そういった者らをデータベースに登録したこと自体は責められることではありません。

問題は、データベースに登録した者といえども、それらの者への対応は、その人物の属性や取引の局面によって異なるものであるということが理解されていなかった点にあります。すなわち、データベースに登録した者のうち、暴力団員と暴力団員以外の反社会的勢力のリスクレベルは同一ではありません。また、新規取引を謝絶すべき対象者と、既存取引を解消すべき対象者は重なりません。新規取引の場面では、契約自由の原則を根拠に比較的幅広く入口での謝絶を行うのに対し（例えば、暴力団員の配偶者は暴力団員ではないが、配偶者の口座開設を謝絶する金融機関は少なくない）、既存取引については立証可能性を吟味し慎重な対応を行うことが多く見受けられます（既存の暴力団員の配偶者口座を直ちに解約することを躊躇する金融機関は少なくない）。これらは金融実務ではもはや常識の部類のことですが、一般の人は、金融機関がわざわざデータベースに登録している「反社会的勢力」という芳しくない方々は、暴力団員であれ暴力団員以外の問題人物であれ、また、新規取引であれ既存取引であれすべての局面で取引から排除されるものと考えています。

非難の矢面に立たされるということは、本来であればもっと別の良い選択ができたのに、それをやらなかったからです。メガバンクが即時に解消可能な融資230件を放置していたというのであれば、それは非難されても仕方のないことだと思います。しかし、即時に法的な回収が可能な融資はごくわずかでした。メガバンク自らが「反社会的勢力」というカテゴリーに入れた者への融資が多数存在した以上、とにもかくにも解消に向けた努力はすべきであったとは言えます。それは暴排条項導入前取引でも導入後取引でも同じです。交渉の結果、任意で弁済するのであれば暴排条項導入の前後など問題とならないからです。実際に私は、口座取引であれ融資取引であれ、そのような融資が当該金融機関に向けられた社会の要請に照らしたときに疑問符がつくケースでは、暴排条項導入前取引であっても解消に向けた交渉努力を行っています。

しかし、法的なアクションを起こせば解消することができた融資を放置し

ということと、法的には困難であるが解消に向けた努力を行わなかったということは本質的に異なることです。

メガバンクは、暴力団に 2 億円にのぼる融資を230件実行したうえ放置していたと世の中の多くの人が思っています。日刊紙の 1 面と経済面と社会面で大特集が組まれた以上、当然のことかもしれません。しかし、実際には、暴力団への融資は230件もありません。 2 億円を融資して、その後 1 円も回収していないのかというと、多くの融資は約定弁済が行われていたようですから 2 億円という当初の金額がそのまま残っているわけでもなかったものと思われます。また「放置」という表現も誤解を招く表現だと思います。すべての誤解は「反社会的勢力」－「暴力団」という誤解を起点とする誤解の連鎖です。

## 2 「ブラック反社」と「グレー反社」

私は、一口に反社会的勢力と言っても、新規取引の謝絶の場面と既存取引の解消の場面で、どの範囲の者まで謝絶できるのか、あるいは解消できるのかについて局面ごとに範囲が異なってくるのだから、より金融実務の現場に即した整理をすべきではないかと考えています。

具体的に言えば、多くの金融機関が採用している反社会的勢力を「ブラック先」と「グレー先」に仕分けしている取扱いの実態に鑑み、「ブラック反社」と「グレー反社」とするなど、反社会的勢力という概念自体を発展的に解消してしまってはどうかとすら考えています。

すなわち「ブラック反社」は「新規取引を謝絶し、既存取引は直ちに解消すべき先」です。実務的には、平成26年 3 月時点での警察の情報提供との関係では、その多くは「暴力団員」となります。また、「グレー反社」は「新規取引を原則として謝絶し、既存取引については解消に向けた努力または準備を行う先」となります。

「ブラック反社」と「グレー反社」では、金融機関の抱えるリスクのレベルが全く異なるにもかかわらず、両者を「反社会的勢力」という一つの概念で議論するから、議論が錯綜するのです。ほとんどがグレー反社との取引であったメガバンクの取引が、「暴力団向け融資」という実態と異なる報道になってし

第1章　反社会的勢力の現状

まった理由がここにあります。

　実は、このように私が提唱していることは新奇なことでも何でもありません。すでに、金融庁が公表した金融検査結果事例集（平成22検査事務年度前期版）42頁で、「グレー先の定義ができていない」という事例が採り上げられた以降、多くの金融機関で「ブラック先」と「グレー先」の仕分けは進んでいるからです。「ブラック反社」と「グレー反社」という仕分けは実はすでにできていることです。従来は、その両者のリスクレベルが異なるにもかかわらず、すべてを総称して「反社会的勢力」と称しておりましたが、これからは、「反社会的勢力」という1つのカテゴリーの中の「ブラック先」と「グレー先」とするのではなく、2つのリスクレベルの違いに着目し、根本から別物たる「ブラック反社」と「グレー反社」に分別管理してはどうでしょうか。そうすれば、「反社会的勢力向け融資」といった、直ちに解消が困難な融資先（グレー反社）もひっくるめた形で轟々（ごうごう）の非難にさらされるといったこともなくなるのではないかと思います。最も非難されるべきは「ブラック反社との取引」ゆえ、それについて最優先で取引解消を図っていくべきです。

　私の考え方は、「ブラック反社」と「グレー反社」のリスクのレベルが異なることに着目して、関係遮断の局面ごとに（口座取引か融資取引か、新規取引か既存取引か）遮断の範囲を考察しようというだけのことです。第2章では、ブラック反社とグレー反社の違いに着目した整理を提示します。

　ここでは、その前に、まずは"敵を知る"という意味で、直近の暴力団情勢をおさえておくこととします。また国の取組みも司法・行政・立法のそれぞれについて概説します。

# 2 警察のデータからみる暴力団の現状

　ここではまず「社会対反社」の強烈な逆風にさらされている暴力団の情勢について確認しておきましょう。
　ご承知のとおり、警察庁から各年次の暴力団情勢が公表されています。暴力団の情勢を理解するうえで大変貴重な資料ゆえ、都度フォローすべきです。この資料の中には注目すべき箇所が数多くありますが、私は特に、①暴力団構成員等の推移と、②暴力団犯罪の検挙状況等について注目しています。

## 1　暴力団構成員等の推移について～平成23年以降激減している事実～

　暴力団構成員および準構成員（暴力団構成員等）は平成4年の数値では9万600人とされていましたが、おそらくは平成4年に施行された暴力団対策法が功を奏し、翌平成5年には初めて9万人を割り込み、それ以降平成22年まで8万人台から8万人弱で推移していました。したがって、平成22年年末までは「暴力団構成員等は何人ですか」という問いに対しては「8万人台で増えたり減ったりで、ごくまれに8万人を少し割るくらいです」という答えが正解でした。
　この推移が、平成23年末以降激変しました。平成23年末に前年の7万8,600人から7万300人へと約1割減少しました。その翌年の平成24年末には、さらに1割減の6万3,200人となりました。そして、平成25年末には遂に5万8,600人となりました。なぜ、それまで20年近く劇的な変化がなかった数値が急激な減少を示したかというと、平成23年までに全国47都道府県で完全施行された暴力団排除条例が最大のインパクトであると言われています。同条例により規制・取締りが強化されたため、資金獲得活動が困難となり組織離脱者が増加し

第1章 反社会的勢力の現状

**【図表１】暴力団構成員等の推移**

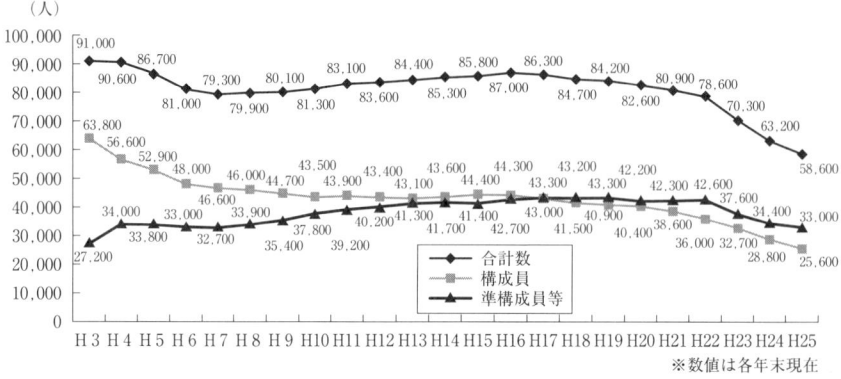

出典：警察庁「平成25年の暴力団情勢」

たことや、暴力団との関わりを隠蔽し、潜在化していることが指摘されています。

　隠蔽・潜在化の実態については把握困難ですが、組織離脱者の増加は私自身実感するところです。あらゆる取引からの排除が進行したここ数年、反社会的勢力と称される輩が社会生活を普通に営むことについて危機感をもってもおかしくない現実があります。

　ある広域暴力団の幹部は「早晩、俺たちはコンビニの出入りもできなくなる日が来るのではないか」と私に漏らしました。私は「今の皆様方を取り巻く環境変化のスピードを考えたら笑い話ではすまないと思いますよ」と答えました。幹部も「笑えない話だと思う」と返しました。もし「それはあり得ない」と感じる読者がいらっしゃるのであれば、10年前に「反社会的勢力が普通預金口座を作れなくなる日や、マンションに入居できなくなる日が来ることを予見できた人がどれだけいただろうか」ということを考えれば、決してあり得ないことではないと理解いただけると思います。

　現在、コンビニエンスストアでビールを購入するときなど、私たちはひと手間を要請されます。「私は20歳以上です」と表示されるパネルをタッチしないと酒類を販売してもらえません。このタッチパネルが導入された当初、初めてタッチパネルによる確認を要請された私は「こんな50がらみのおじさんに何を

させるのかなあ。見ればわかるでしょ。明らかに中年オヤジでしょう」と思いつつパネルにタッチしたことを覚えています。今では、何も考えることなくタッチパネルを押しています。酒類販売の際のタッチパネルの確認は酒類購入に際しての当然の手続として私の中にもあっという間に定着したからです。

　私は、このタッチパネルに「私は反社会的勢力ではありません」という確認事項が入る日が来る可能性を全否定することはできません。老若男女が買い物に来るコンビニエンスストアでそのようなことができるのか（あるいは、そのような確認まで実施する必要があるのか）といえば、平成26年時点ではできないし、その必要もないでしょう。しかし反社会的勢力との関係遮断は、決して理念先行の課題ではありません。関係遮断のレベル感は社会の要請との見合いで自ずと決まってくるものだと思います。企業を取り巻く社会環境が、徹底した反社会的勢力との関係遮断を求めるレベルを要請するのであれば、企業は社会の要請を実現するために、不可能と思えることでも想像以上にスムーズに実現してしまうものなのです。

　印象深いのは平成19年に政府指針がリリースされて以降、私のもとに相次いだ相談です。当時、契約書への暴力団排除条項の導入に関する相談が相次ぎましたが、少なくない企業で、BtoBの企業間契約には導入するが、BtoCの顧客が対象となる契約には導入できない（より正確には「導入できるはずがない」というレベル感）という対応がみられました。ところが数年後の平成23年頃には、BtoCの契約であっても暴力団排除条項を導入することへの抵抗感はほとんどなくなっていました。「社会対反社」という社会環境は、すなわち企業を取り巻く社会環境でもあり、企業はその環境変化を敏感に察知して「社会環境≒社会の要請」に適合した選択をごく自然に行うようになったのです。

　もっとも、ここで金融機関として留意すべきは、近い将来の現実化はともかく遠い将来の現実化がそれなりに見込まれるコンビニ暴排のことを思案することではありません。留意すべきは、平成19年に政府指針がリリースされて以降の、社会の急激な変化に鑑みれば、今年において関係遮断を実行しなくともセーフと評される取引が、来年にはアウトとされる可能性をはらんでいるということです。先の暴力団幹部が「コンビニに出入りできなくなるかもしれない」というリスクを彼のセンサーが察知したのと同様に、金融機関の役職員も

またリスクセンサーの感度を研ぎ澄ませておかなければならないということです。研ぎ澄ませるということは、その時代ごとの社会が金融機関に期待する反

---

Column 1
**警察庁のリリースや雑誌の特集以外は、
どこまでおさえておくべきか**

　暴力団員の記事や写真が掲載されている週刊誌やインターネットの動画情報もマークする必要があるのでしょうか。

　週刊誌やインターネットに襲名披露あるいは兄弟盃を交わす際の写真や動画が掲載されることがあります。そこまでフォローする必要があるのかという質問をいただくことがあります。私は、平時の体制としては総務部門の担当者がフォローしておくことで足りると考えておりますが、そのような雑誌に掲載されるレベルの特定の著名な構成員との取引解消を進める際には、当該取引解消を進めるチームの関係者は少なくともその人物がどういう人物かを知っておいたほうがよいと考えています。

　当該反社会的勢力を単に「甲野太郎」という認識でいると、いつしか「甲野太郎」という生身の人間に対して「甲野太郎」という記号のような感覚をもってしまいかねません。このような感覚の怖さは2つあります。1つは、属性として危険性のある人物であるにもかかわらず単なる記号として捉え続けていると怖さがなくなってしまうことです。そのことはすなわち、脇が甘くなる端緒となりかねないことを意味します。もう1つは、後述のとおり私は取引解消の手法として合意解約を推奨しておりますが、解約の交渉に際しては、折衝相手が血の通った人間であるということについての認識を欠いたままでは合意形成が困難になるからです。合意解約交渉の実際については後に詳論しますが、まずもって自分とは生き方は違えど、相手も血の流れる人間であることについての理解は最低限必要です。怖さを喪失することも、人としての血の通った対応ができなくなることも、いずれも相手を単なる記号としてしか捉えていないことになるからです。

　この考え方に対しては「恐怖心が薄らぐのであればいいじゃないか」といった声もあがりそうですが、それは違います。恐怖を重要な商売道具にしている人間を相手に取引解消を行おうとしているのですから、恐怖を感じないことのほうが危ないのです。私とて暴力団は怖いし、暴力団員の中の相当の割合の人は嘘も平気でつくし、約束も守らないですが、それでも同じ人間だという認識が取引解消の交渉に際しての重要なポイントとなります。

社会的勢力との関係遮断のレベル感に敏感であれ、ということに他なりません。その意味で、最低限のこととして警察庁リリースの暴力団情勢やその他経済誌・法律雑誌の暴排関連記事について担当関連部門の役職員が目を通しておくことは必要なことでしょう。

## 2 暴力団犯罪の検挙状況

警察庁組織犯罪対策部暴力団対策課、企画分析課がリリースした「平成25年の暴力団情勢」の中の「図表2－1　暴力団構成員等の罪種別検挙人員の推移」を読むと、平成20年から平成25年までの間に、どのような犯罪で暴力団員等が検挙されたかがわかります。刑法犯としては、殺人罪、強盗罪、放火罪等々の検挙人員数、特別刑法犯としては、軽犯罪法、迷惑防止条例、風営適正化法等々の検挙人員数が一覧表となっています。

年度によって多少の変動はありますが、刑法犯と特別刑法犯の中で検挙人員数が多い犯罪は概ね変動はありません。さて、どのような犯罪が多いと思いますか。平成20年から平成25年の間の検挙人員数の多い犯罪を順番に並べると次のようになります。

**【図表2】検挙人員数の多い犯罪**

|   | 平成20年 | 平成21年 | 平成22年 | 平成23年 | 平成24年 | 平成25年 |
|---|---|---|---|---|---|---|
| 1 | 覚せい剤 | 覚せい剤 | 覚せい剤 | 覚せい剤 | 覚せい剤 | 覚せい剤 |
| 2 | 傷害 | 窃盗 | 窃盗 | 窃盗 | 傷害 | 傷害 |
| 3 | 窃盗 | 傷害 | 傷害 | 傷害 | 窃盗 | 窃盗 |
| 4 | 恐喝 | 詐欺 | 詐欺 | 詐欺 | 詐欺 | 詐欺 |
| 5 | 詐欺 | 恐喝 | 恐喝 | 恐喝 | 恐喝 | 恐喝 |

この表を見ると一目瞭然ですが、トップは一貫して覚せい剤取締法違反となっています。2位の犯罪検挙人員の概ね倍の検挙人員です。2位と3位は窃

盗あるいは傷害となります。ちなみに、覚せい剤取締法違反の検挙人員は6,000人前後であるのに対し、窃盗や傷害の検挙人員は3,000人前後です。2位と3位の検挙人員の差は僅差です。続く4位、5位は詐欺・恐喝となります。

　私が交渉した暴力団員には「俺は暴力団員ではない。ヤクザだ。任侠の世界に生きている人間だ」と言う人がいました。また、「ヤクザの中にもクスリや盗みといった悪いことをやる奴も確かにいる」といった話も何度か聞きました。真剣に「クスリや盗みを犯す人間はヤクザの風上に置けない」と考えている暴力団員もいるでしょうし、絶対にクスリや盗みをしない暴力団員もいるのでしょう。

　しかし数字は冷徹です。平成20年から平成25年の間に暴力団構成員等の人数は8万人から6万人弱へと減っていきましたが、毎年6,000人あまりの暴力団員等がクスリで検挙されているのです。1割以上の組織のメンバーがクスリと盗みで検挙されているのであれば、組織に属する人たちの想いはともかく、社会の見る目は犯罪集団ということになってしまうし、それはやむを得ないことです。

　政府指針がリリースされ7年経った今になっても「良いヤクザと悪いヤクザがいる」とか「暴力団も必要悪だ」といったことを言う人がいますが、実態を直視すれば犯罪集団というほかありません。

　以前、海外のメディアから日本の暴力団について取材を受けたとき、インタヴューアーは「日本では病院に入院して病気と一生懸命闘っている人が、暴力団員と間違われて誤射されて命を失くしたり、一日の疲れを酒場で癒している一般人が抗争に巻き込まれて命を失くしているのに、なぜそのような一般人の大切な命を奪う集団が、こうした事件の後も存続できるのか」と私に問いました。非常に痛いところをつく指摘だと思います。私は「清水の次郎長、国定忠治の時代から今に至るまで、日本人の中にはヤクザは粗暴だけど、弱きを助け強きをくじくのがその本質だと考えている人が少なくないのかもしれない。著名な映画俳優がヤクザをヒーローとして演じ、それを真に受けてしまうこともある。実態を知らないから、虚像を真実だと思ってしまっているところはあると思う。しかし、この検挙実態を見てください。やっていることの実際は、クスリと盗みです。あなたの指摘のとおり一般人が誤殺されています。私も含め、関係者

一同があなたが指摘している『なぜ一般人を殺してしまうような組織が存続できるのか』という問題提起を十分に行っていないことはあると思う。反省しないといけないですね」と答えました。その反省もあって、この項を書いています。

　以上のとおり、暴力団の実態は犯罪集団であること、犯罪集団であるからこそ社会全体、とりわけ取引社会からお引き取りいただくことは当然の要請であり、その結果が暴力団員等の数の激減につながっていることを理解いただけたことと思います。

## 3 司法の包囲網

　先に述べたとおり、警察のデータが暴力団の実態をあぶり出していますが、そのような暴力団に対して国はどのようなスタンスをとっているのでしょうか。まずは司法からみてみたいと思います。

　リーディングケースとなるのは、いわゆる「蛇の目ミシン株主代表訴訟最高裁判決」（最高裁平成18年4月10日判決）です。この判決の基礎となる事実関係の概要は次のとおりです。

### 1　「蛇の目ミシン株主代表訴訟事件」の事実関係の概要

　甲および甲が代表取締役を務める甲社が昭和62年3月末、蛇の目ミシン工業株式会社（以下、「乙社」といいます）の大株主となりました。甲は、いわゆる仕手筋として知られており、暴力団との関係も取りざたされている人物であったことから、甲が乙社に与える影響力の存在自体が乙社の社会的信用を損なうため、乙社は、早期にかつ安値で甲および甲社の保有する株を乙社側にて引き取って甲の影響力を排除することが望ましいと考えていたところ、昭和62年6月開催の乙社株主総会にて甲は取締役に選任されました。甲は、昭和63年10月頃以降、甲社が保有する乙社株の高値での買取を乙社役員らに要求するなどしました。さらに平成元年6月の乙社株主総会では甲は筆頭専務にまでなりました。翌月の7月29日には、甲は、暴力団関係者への乙社株の売却を示唆するようになり、これを梃子に乙社のメインバンクからの966億円の融資を要請しましたが、メインバンクはこれを断りました。同月31日には、甲は保有する乙社株の全部を暴力団の関連会社に譲渡した旨を述べ、さらに、

　「新株主は乙社にも来るし、メインバンクにも駆け上がっていく。とにかくえらいことになった」

とも述べました。

8月1日、乙社役員らが暴力団関連会社への乙社株式の売却の取消を甲に折衝したところ、甲は300億円を用立てるように要求してきました。乙社役員は、

「乙社に暴力団が入ってくれば、さらなる金銭の要求がされ、経営の改善が進まず、入社希望者もいなくなり、他企業との提携もままならなくなり、会社が崩壊してしまう」

と考えましたが、他方で甲に言われるままに甲に300億円を交付すれば経営責任が問われると思い悩みました。

8月4日、甲は300億円を用立てる話がまとまらないことを非難し、

「大阪からヒットマンが二人来ている」

などと述べて脅迫しました。その結果、乙社が保証してメインバンク系列のノンバンクを経由して同月8日300億の融資が実行されることになりました。そして、その後、なし崩し的に必要のない債務の肩代わり等がなされることになったわけです。

## 2　裁判所の判断

最高裁判所は、「証券取引所に上場され、自由に取引されている株式について、暴力団関係者等会社にとって好ましくないと判断される者がこれを取得して株主となることを阻止することはできないのであるから、会社経営者としては、そのような株主から、株主の地位を濫用した不当な要求がなされた場合には、法令に従った適切な対応をすべき義務を有するものというべきである。前記事実関係によれば、本件において、被上告人らは、甲の言動に対して、警察に届け出るなどの適切な対応をすることが期待できないような状況にあったということはできないから、甲の理不尽な要求に従って約300億円という巨額の金員を甲社に交付することを提案し又はこれに同意した被上告人らの行為について、やむを得なかったものとして過失を否定することは、できないというべきである」と判断し、東京高等裁判所に差し戻しました。

平成26年以降の今現在、本書を手にとってくださっている読者はこの最高裁判所の判断を読んで得心されることと思います。証券取引所に上場されている

株式を暴力団関係者が取得することを阻止できない以上、株式を取得した暴力団関係者からの不当要求は起こり得ることであるから、法令に従った適切な対応をすべき義務、具体的には警察に届け出るなどを行うことなく300億円を交付することを容認した役員は過失ありとしているわけです。この裁判所の判断は、警察等外部専門機関との連携が当然のこととなっている今現在の読者からすれば、違和感のないところであると思われます。

最終的に差戻審の東京高裁は役員らの免責を認めなかったのですが、第一審の東京地裁、控訴審の東京高裁は役員を免責としました。先の最高裁に違和感を感じなかった読者からすれば、なぜ第一審・控訴審は役員を免責したのだろうと思うことでしょう。控訴審は「甲の狡猾かつ暴力的な脅迫行為を前提とした場合、当時の一般的経営者として、被控訴人らが上記のように判断（筆者注：会社の損害を防ぐためには、300億円という巨額の融資もやむを得ないとの判断）したとしても、それはまことにやむを得ないことであった」としています。

「狡猾で暴力的な脅迫行為」があれば、300億円の融資もやむを得ないという、びっくり仰天の説明ですが、私はいたずらに原審を批判することは慎むべきだと考えています。なぜなら、多くの経済取引から反社会的勢力が締め出されている現在、「狡猾で暴力的な脅迫行為」があったとしても金額の多寡を問わず反社会的勢力に金員を交付することはあり得ないことですが、このような理解が常識となったのは、平成9年の大手証券会社・大手銀行の総会屋との癒着事件を経て平成19年6月19日に「政府指針」がリリースされて以降の官民の取組みが強化されてからのことだからです。

さらに元をたどれば、「狡猾で暴力的な脅迫行為」に屈して300億円の融資を行うことを役員会にて意思決定したのはいつであったかといえば、平成元年8月8日の臨時取締役会です。本書を執筆している平成26年6月から振り返ると約4分の1世紀前のこととなります。果たして4分の1世紀前の企業と反社会的勢力との関係はどのようなものだったのでしょうか。そもそも反社会的勢力という言葉自体が存在しませんでした。総会屋が跋扈し、利益供与がしばしば問題となっていた時代です。銀行や信用金庫の中で暴力団員であることを理由に口座開設を断るところはなかったはずです。なぜなら、当時は公共性を使命

とする金融機関がお客様を区別することはまかりならないという考え方が支配していたからです。

　企業を取り巻く環境が現在と全く異なるに決まっている平成元年の経営判断を「あり得ない」と批判することは簡単ですが、反面、それは安易なことでもあります。乙社の役員らの判断は、現在の企業と反社会的勢力との関係遮断が当然のこととされている環境を基準に判断すれば稚拙な判断と言えますが、それは同時に後付けの批判でもあります。乙社の役員の平成元年の判断について、最終的に免責されなかったことを気の毒と感じる方もいれば、至極当然のことと思われる方もいるでしょう。それはいずれでもよいのです。タイムマシンがない限り乙社の役員の方々の責任は動かしようがないので、考えるべきは読者の皆様の会社の今後将来の反社会的勢力との関係遮断の在り方です。4分の1世紀前の、企業と反社会的勢力との関係に馴れ合いの色合いが残っていた時期の経営判断であったとしても、さらにその経営判断に強い影響力を与える事柄として「狡猾で暴力的な脅迫行為」があったとしても、反社会的勢力に利益供与したことについて免責されなかったという厳然とした事実が存在するわけです。そうであれば、平成26年の今日現在、多くの経済取引から反社会的勢力が排除され反社会的勢力との関係遮断の徹底が進行している状況に鑑みれば、反社会的勢力の「狡猾で暴力的な脅迫行為」があったことが不当要求に応じてしまった理由になり得るはずかありません。

　反社会的勢力との関係遮断が明確に打ち出されていなかった平成元年の経営判断について平成18年に最高裁判所がダメ出ししたという事実が重要です。企業と反社会的勢力との関係遮断が着実に進行している今現在にあって不当要求に応じるなどということは、すでに最高裁判所が明確なダメ出しを出した以後である以上、絶対に許されないことであり、それどころか現在では不当要求を排除するだけではなく、関係遮断が要請されているということに留意する必要があります。

## 3　近時の裁判例にみられる金融機関の社会的責任について

　裁判所は、金融機関の社会的責任について次のように明快に述べています。

第1章　反社会的勢力の現状

　「現在の日本社会において、企業活動から反社会的勢力を排除しようとする要請は強く、特に、金融取引の分野では、反社会的勢力の活動への資金的支援となることを防止するためにも、反社会的勢力との関係遮断が強く求められている」（大阪高裁平成25年3月22日判決）

　前段で反社会的勢力排除は日本社会の要請としたうえで、後段で金融機関の責任はとりわけ重いということを述べています。

　「企業活動からの反社会的勢力排除の要請は、現代における国民生活上の社会的な課題といってよく、特に反社会的勢力に対する資金支援を封ずるため、金融機関については反社会的勢力との関係遮断が強く求められる一般的な状況が存している」（東京高裁平成25年10月31日判決）

　ここでも反社会的勢力排除は社会的課題であるとしたうえで、金融機関にはそれが強く求められると述べています。

　これが金融機関を取り巻く社会環境（社会が期待すること）なのだということを肝に銘ずべき、2つの高裁判決です。

## Column 2
### 金融機関は「公共性」という使命を捨てたのか

　さきほど、かつて金融機関は暴力団員の口座開設申し込みを断ることなどなかったことを指摘しました。なぜ断ることができなかったかというと、金融機関は公共性を使命とするためお客様を区別することはできないからということが理由でした。

　私は所属事務所の仕事の関係で弁護士登録した当初から銀行の事件をサポートさせていただく機会が多く、かつ私が弁護士登録した平成7年当時は不良債権回収の真っ只中という時期だったため、今でいう反社会的勢力と遭遇することが非常に多かった時代です。「銀行の担保物件に反社会的勢力（占有屋）が乗り込んだ」「倒産した融資先の大型工作機械を反社会的勢力が大型トラックと重機を持ち込んで搬出しようとしている」といった話が次から次へと飛び込んできました。一件落着して四方山話で時折出た話題が「本当はああいった方々の通帳も作りたくないんですけどね」という話題です。「そんなの作らなければいいじゃないですか」というのは今現在基準の発想です。繰り返しになりますが、今現在の基準で先の平成18年最高裁判決で触れた平成元年の乙社役員らの経営判断を稚拙と評価するのと同じことです。「そんなの作らなければいいじゃないですか」などということは誰も考えませんでした。正確には誰も思いつきもしませんでした。なぜなら「金融機関の公共性」があるからです。

　翻って現在、反社会的勢力の新規口座を作成する金融機関はありません。「金融機関の公共性」は霧散消失したのでしょうか。そうではありません。金融機関の公共性は今もって金融機関の重要な使命の一つです。では、なぜかつては謝絶できなかった口座開設を現在では謝絶できるのでしょうか。それは、金融機関は公共性を有する機関ゆえ、反社会的勢力の活動に資するような利益（便益）を提供することは社会全体の利益に反することになるため、口座開設を謝絶しないことは公共性に反すると考えられるからです。すなわち「金融機関の公共性」という使命は一貫して堅持されているものの、社会の要請という観点から光をあてたとき、かつてはすべての利用申込者に公平公正に対応するということだけが公共性から導き出された時期もあったものの、今ではそれに加えて反社会的勢力に利益（便益）を供することはしないということも社会が要請する金融機関の公共性となっているということです。

## 4 行政の包囲網

### 1 きっかけとなる政府指針

　司法における反社会的勢力排除の起爆剤となったのは先の最高裁判決ですが、行政の起爆剤となったのが平成19年6月19日にリリースされた政府指針です。政府指針がリリースされるに先立って、私はそのドラフトを目にする機会がありましたが、その時に感じたことは「経団連の企業行動憲章の国家版」といったものでした。先に述べたように、私は弁護士登録してから5年半、反社会的勢力による実力行使系の案件に法律で対抗するという業務に従事していましたので、当時の私の中には、「反社会的勢力が悪さをしたら法律で対抗する」という有事対応こそが反社会的勢力対応であるという意識が染み付いていました。したがって、政府指針が打ち出しているもう一つの大切な課題である「反社会的勢力との関係遮断」がもつ重要な意義について十分に認識していたかといえば否でした。

　反社会的勢力が攻撃を仕掛けてきたとき、典型的な場面としては、不当要求を行ってきたときなどがそれに当たりますが、毅然とした対応を行うということは古くから言われてきたことです。不当要求が有事対応の局面とすれば、政府指針が打ち出した反社会的勢力との関係遮断は平時対応の局面の課題です。例えば、丁寧な言動をもって反社会的勢力が口座開設の申し込みをしてきたとき、その行為態様は他の一般の顧客と何ら変わるところはありません。しかし、反社会的勢力データベースにその申込者がヒットした場合、先に述べたようにそのような属性を有する者との取引は社会の要請に照らしても謝絶しなければなりません。それこそが企業の社会的責任そのものなのです。

　企業に対する攻撃（不当要求等）をガードする場面は企業防衛の実践の場であり、反社会的勢力からの取引申込を謝絶する場面は企業の社会的責任の実践

の場であるといえます。空手の試合に例えると、企業防衛の実践は、こちらから攻撃こそ仕掛けないものの鉄壁のガードを固めて反則技（不当要求）を繰り出してくる反社会的勢力に屈しないという状況であり、企業の社会的責任の実践は、そもそも試合場に入れないという状況といえるでしょう。試合場とは、すなわち取引社会そのものです。取引社会には一応入場させ、かつ攻撃させて、いかに受け身をとるのかというスタンスと、そもそも取引社会に入場させないというという選択のいずれがより効果的かといえば、当然後者です。

　なぜ、こんなシンプルかつ強力な手法を政府指針以前には思いつかなかったのか。まさにここが従来の経団連の企業行動憲章（平成22年に改訂され「関係遮断」が盛り込まれた）と政府指針の違いです。取引社会に入場させないというプリミティブかつ効果的な手法は、国を挙げての取組みでなければ、経団連の加盟企業だけで取り組んでもザルになってしまうのです。再び空手の試合の例に戻りますと、主流派の団体の試合には出場できなくとも、どこか別の団体の試合には出場できてしまうということになるのです。取引社会においても同様で、金融取引ができなくなっても不動産取引はやりたい放題ということになれば反社対応の実効性を欠くことになります。試合場に入れないという抜本的な手法は、国でなければ採れません。ここで私は、はたと気づいたのです。「政府指針は、経団連の企業行動憲章の国家版とは本質的に異なるものだ」ということに。従前の「不当要求に対する毅然とした対応」とは別次元の課題が「反社会的勢力との関係遮断」と位置づけられるわけです。

　実際、政府指針の効果は絶大でした。翌平成20年3月の金融庁監督指針の一部改正においては、不当要求に関する事項に留まらず、政府指針の「反社会的勢力との関係遮断」の考え方が相当のボリュームで監督指針に導入されました。

　以下、金融機関に特に反社会的勢力との関係遮断が求められる基礎となる主要行等向けの総合的な監督指針の考え方を抜粋して引用します。①、②の番号は私が付したものです。


### Ⅲ―3―1―4―1　意義

「①　反社会的勢力との関係を遮断するための取組みを推進していくことは、企業にとって社会的責任を果たす観点から必要かつ重要なことである」

「② 特に、公共性を有し、経済的に重要な機能を営む金融機関においては、金融機関自身や役職員のみならず、顧客等の様々なステークホルダーが被害を受けることを防止するため、反社会的勢力を金融取引から排除していくことが求められる」

　まず、①の記述から、反社会的勢力との関係を遮断するための取組みがなぜ必要とされているかがわかります。企業が社会的責任を果たすために必要かつ重要と記されているとおりです。

　②の記述には、「被害防止」という視点が出ています。これによって、社会的責任に加え企業防衛という色彩を帯びています。さらに、監督指針は、Ⅲ―3―1―4―2（6）として「反社会的勢力による不当要求への対処」という、金融機関への不当な圧力に屈することのない対応をも監督指針の一内容として盛り込んでいるので、企業防衛という側面も並置しています。すなわち、監督指針の考え方の基礎には、企業防衛という発想と企業の社会的責任（CSR）の両面が据え置かれているとみることができます。

## 2　政府指針によって変容した反社会的勢力を取り巻く社会環境

　このように政府指針は、まず金融分野に大きな影響を及ぼしました。先に述べた平成20年3月の金融庁監督指針の改正により、金融暴排の礎が構築されました。それが芽を開き、平成23年6月、全国銀行協会は融資取引・当座勘定取引に係る暴力団排除条項の参考例の排除対象に、従来から規定のあった暴力団員等に加え、暴力団を離脱してから5年を経過しない者や暴力団員等との密接交際者も明記した改正を行い、会員銀行に導入を要請しました。これを契機に、銀行のみならず信用金庫・信用組合等にも新たな暴力団排除条項の参考例が急速に浸透したことは周知のとおりです。金融分野では、このほかにも社団法人生命保険協会が同月、「生命保険業界における反社会的勢力への対応指針」を策定しました。平成22年9月には、経団連の企業行動憲章も「断固として対決」から「断固として対決し、関係遮断を徹底する」と改訂されました。

　その後、平成23年1月には、社団法人日本野球機構がプロ野球選手会による暴力団排除を宣言しました。また、同年6月には、社団法人全国宅地建物取引

業協会など連合会不動産流通4団体が、不動産売買、住宅賃貸および媒介における各契約書の暴力団排除条項、暴力団による買受不動産の事務所使用禁止条項等のモデル案を策定し、各会員に導入を要請しました。同じく建設業界においても、民間（旧四会）連合協定工事請負契約約款委員会が、民間工事請負契約標準約款に暴力団排除条項を盛り込む改正を行い、市販を決定しました。引き続いて、日本自動車販売協会連合会が、暴力団等との取引拒否等を追加したモデル約款を提示し、暴力団員等が新車を購入することは困難になりました。また、ホテル・ゴルフ場等の施設利用も極めて困難になっています。暴力団員はゴルフをやめたり、渡航できる国でプレイするしかないようです。さらに同年8月には大物芸能人が山口組幹部との関係を機縁に引退することとなりました。

このような社会全体の動きを捉えて「警察対反社」から「社会対反社」ということもいわれるようになりました。一部の論者は「社会対反社」とは市民に危険な暴力団排除を押し付けるものという見方をしていますが、私はその考え方には反対です。なぜなら「社会対反社」というスローガンを国が打ち立てて、それを市民に押し付けているわけではないからです。政府指針が反社会的勢力の取引社会への入場制限をテーマとして掲げ、そのような政府指針という掛け声をきっかけに社会全体、とりわけ業界団体や企業が反社会的勢力との関係遮断に向けて真剣に取り組む時期が到来したと主体的に受け止めなければ「社会対反社」というムーブメントは生じなかったのではないでしょうか。

約15年前にコンプライアンスが企業社会の最重要課題として日本社会に登場し、約10年前にCSRという考え方が急速に浸透し、そういった流れの中でじわじわと企業が企業の社会的責任を自覚する土壌が形成されたうえに政府指針という種がまかれたからこそ、その種は発芽し枯れることなく成長しているのだと思います。多くの市民が暴力団を必要悪として容認しているような社会で政府指針が反社会的勢力との関係遮断を打ち出したのではなく、企業が社会の一構成要素として社会的責任を果たしていくべきことが自覚される時代とマッチして生まれたのが政府指針であり、その結果のムーブメントとしての「社会対反社」なのです。

このように平成23年という年は、平成19年6月に政府指針がリリースされた

第1章　反社会的勢力の現状

　4年後という年ですが、政府指針が掲げた「反社会的勢力との関係遮断」という課題が取引社会において次々に実現した節目の年といえます。驚くべきことに先に記した様々な業界団体の取組みは政府指針リリース後わずか4年後には実現しているのです。これらの取組みは微々たる変化ではなく極めてドラスティックな変化です。平たく言えば、平成23年を境に「口座は作れない。融資は受けられない。マンションはもとより駐車場も借りられない。新車は買えない。ゴルフもできない」といったようにダメダメ尽くしになったのです。

　ここまでの劇的な環境変化がわずか4年ほどで現実化したのであれば、先に某広域暴力団の幹部が「俺たちは早晩コンビニにすら出入りできなくなるのではないか」と漏らしたことは決して笑い話ではありません。

　「社会対反社」という社会環境は、すなわち企業を取り巻く社会環境でもあり、企業はその環境変化を敏感に察知して「社会環境≒社会の要請」に適合した選択をごく自然に行うようになったのです。暴力団員がコンビニエンスストアで買い物をしている場面を見たからといって、「コンビニっていうのは意識が低い」と感じる人は平成26年時点ではおそらく多数派ではないでしょうが、政府指針がリリースされた平成19年から平成23年までの劇的な変化を考えれば、平成30年にはどうなっているかわからないと考えるほうが実態に即しているのではないかと思います。

　以上、政府指針リリース後の社会の変化について概観しました。

# 5 立法の包囲網

## 1 暴力団排除条例

　平成23年10月1日に東京都と沖縄県で暴力団排除条例が施行され、暴力団排除条例は全国完全施行となりました。

　47都道府県の各々の自治体の議会が制定した条例ゆえ、各地方自治体の特色ある条項もありますが、標準的な規定のうち金融関係の事業者に関するものをピックアップすると次のようになります。

- 事業者は、県の暴力団排除施策に協力し、暴力団排除に資する情報を県へ提供するよう努めること
- 暴力団の威力を利用する目的で、財産上の利益の供与をしてはならない
- 暴力団の活動を助長し、または暴力団の運営に資することとなることを知って、暴力団員等に対して財産上の利益の供与をしてはならない
- 新規取引が、暴力団の活動を助長するなどの疑いがある場合は、取引の相手方が暴力団員等でないことを確認するよう努めること
- 契約の相手方が暴力団員等であると判明した場合は、相手方に無催告で契約を解除できる旨の条項を、契約内容に導入するよう努めること

　以上、お気づきのとおり、「利益供与の禁止」は義務規定であり、「取引の相手方の確認」や「無催告解除条項の導入」は努力規定とされています。この平成23年10月の東京都暴力団排除条例の施行時期が、同年8月下旬の大物芸能人の暴力団関係者との文隊が取沙汰された引退記者会見と近接した時期であったため、当時のマスコミは芸能人の引退の原因に関する報道とセットで近日中に施行される暴力団排除条例についても報道していました。

その影響もあって、暴力団排除条例については堅めの報道番組だけではなく朝のワイドショーや週刊誌でも取り上げられることとなり、暴力団排除条例の認知度は一気に高まりました。47都道府県で漏れなく施行されただけでも反社会的勢力にとっては脅威ですが、加えて市町村レベルの条例も制定されているわけですから、暴力団を辞めようと考える組員が出てくることも当然の流れです。

## 2　改正暴力団対策法と改正犯罪収益移転防止法

　暴力団対策法は施行から20年余が経過しましたが、その間、数次にわたる改正がなされています。暴力団側にとって、最大の脅威は組長責任の追及が可能となったことです。組長責任が問えることは、彼らにとって大きな脅威となっており、ある組長は「顔も知らない奴が下手を打ったらその火の粉が俺に飛んでくる。これはきついわ」と漏らしました。幹部も「デキの悪い奴はどんどんクビにする。下手打たれて組長に迷惑がかかることはなんとしても避けないといけない」と私に語りました。包囲網が狭められているのを実感します。

　加えて平成25年に犯罪収益移転防止法が改正されました。不正な送金など本当にやりにくくなったといいます。金融機関担当者に本改正法に関して是非ご留意いただきたいのは、「Know your customer」という視点です。本来、この言葉は大切なお客様のニーズをきちんと把握しようということですが、反社会的勢力としては自身のことをなるべく知られたくないと考えているわけですから、「Know your customer」の意識が職員間に徹底されている金融機関は近づきたくない金融機関と位置づけられます。改正犯収法は、様々な顧客事項の確認を要請しています（詳細は香月裕爾編『Q&A　改正犯罪収益移転防止法と金融実務』（経済法令研究会）を参照）。これらの確認作業の背景に「Know your customer」の意識が常に張り付いているだけで気づきの視点が生まれてくると思います。

# 第2章
# 金融機関の対応
~担当者から寄せられる質問を中心に~

1　職員の安全確保 ……………………………… 28
2　口座取引・融資取引からの反社会的勢力排除における22の類型 ……………… 46
3　口座取引解消の実際 ………………………… 61
4　融資取引解消の実際 ………………………… 77

# 1 職員の安全確保

## 1　質問の傾向の変化

　金融機関の担当者から寄せられる質問の内容は、取引の入口に関わるものから、近年、出口論に関わるものにシフトしています。データベースの整備については各金融機関ごとにそれなりの道筋がついたからだと思われます。したがって、この先の解説も出口論が中心となります。

　しかし、言うまでもなく、出口論の取引解消にかかる負荷と入口論の取引社会のドアを開けないことの負荷を比べるならば、後者の方が格段に低いのです。握手した（契約した）手を振りほどくのと、差し出された手を握らずに振り払うことの負荷を考えれば明らかです。したがって、本書が出口論を中心とする本であるからといって、入口論を軽視しないでください。せっかくデータベースを構築したのに、それをスルーして取引を開始してしまったり、わざわざ新商品の案内を送付したりといった間抜けなことをすれば、その後、いったん交わした握手を振りほどくのは本当に大変なことです。データベースの更新と活用には、是非とも力を注いでいただきたいところです。

　そして、従来から変わらない質問が、職員の身の安全の確保の問題です。

## 2　職員の身の安全の確保

　職員の身の安全は、すべての金融機関にとって非常に切実かつ重要な問題です。私も複数の金融機関のサポートをしていますが、万一職員の方が怪我をするようなことがあれば、当該金融機関の反社会的勢力との関係遮断は失敗だと考えて臨んでおります。

　実際に、各種金融機関やその協会等の研修所で講演を行う際の事前質問票の

1　職員の安全確保

中で毎回最多の質問事項となるのが「職員の身の安全の確保」です。

　そもそも、皆様が考えているほど金融機関の反社会的勢力排除は身の危険が伴うことなのでしょうか。私は20年近く反社会的勢力排除に関わっております。バブル崩壊後の不良債権回収の真っ只中の頃が私が弁護士登録した時代です。弁護士登録した当時の方がここ数年の金融暴排の現場での経験よりはるかに怖い経験をしています。もっとも、怖い経験といっても、それが即座に身の安全に関わる危険なことかといえばそうではありませんでした。例えば、マンションの一室で刺青のあるヤクザ10数人に囲まれたことがあります。怖かったですが、痛い目にあうとは思いませんでした。執行現場でプロレスラーのようなタコ入道と向き合ったこともあります。怖かったですが、殴られるとは思いませんでした。

　万一、私が、取り囲むヤクザやプロレスラーまがいの人物に対し「手を出してみろよ。やれるもんならやってみろ。できないんだろ」などと挑発すれば痛い目にあう可能性は格段に高まったと思いますが、そんな馬鹿なことを言う必要性は全くありませんからそんな言葉はもちろん口にしません。いわば「挑発しない」とか「丁寧な応接、丁寧な言動を心掛ける」といったことは「自助」ともいうべきものです。

　金融機関の職員の皆様が反社会的勢力と向き合うのは、仕事として向き合うわけですから、相手を挑発するなどの仕事を行ううえで無意味あるいは有害なことは、やりません。この時点ですでに相当程度身の安全は確保できているといえます。

　しかも、先の私の怖い経験は、すべて平成の一桁の時代の話です。担保物件を占拠したり、倒産した工場を占拠したりといったケースでは、部屋や工場内に複数のいかにもといった面々がたむろしていたので険悪な雰囲気が満ちていました。これに対して金融機関の取引解消の交渉現場はずいぶん平和といえます。なぜなら、交渉場所は営業店の応接室や会議室になるからです。さらに、個別の取引の解消ですから相手方は基本的に一人です。しかも、相手方は、強烈な逆風にさらされている状況についてよく理解しています。平成一桁の頃とは、全く状況が違います。

　このような状況にもかかわらず、なぜ「身の安全の確保」が最多の質問事項

29

になるのでしょうか。それは、役職員が反社会的勢力はとてつもなく危険な存在であると思い込んでいるからです。この思い込みは、反社会的勢力にとって非常に都合の良い思い込みです。これによって暴力を発動するまでもなく我々が勝手に暴力に怯え、竦んでくれている状態だからです。そうは言っても、私が「実際に殴られたりすることはないからそんなに怖がらなくてもいいですよ」といくら言っても、恐怖心は拭えません。でも、それでいいのです。むしろ、恐怖心は脇が甘くならないためにも残しておいたほうがよいくらいです。それでも、知識としては頭に入れておいてください。「実際に拳や蹴りが飛んでくることなどはまずない」ということを。

　私自身、最近アジアの某国家の反社会的勢力（マフィア）の絡む事案の受任を打診されましたが、お断りしました。お断りした理由は、表向きは「業務多忙」ですが、本当の理由は「怖かった」からです。もし、私がその某国に居住し、某国の反社会的勢力の思考回路や行動様式を知っていれば受任したと思います。「何をするかわからない」ということが一番の恐怖なのです。私の頭の中を渦巻いたのは「某国の反社会的勢力はピストルくらいすぐに調達できるそうだ」「ナイフの扱いもプロ中のプロだ」「10万円単位の報酬で簡単に人を殺すそうだ」「人を殺しても成田に直行してすぐ高飛びするそうだ」といった真偽は定かではないけれど、多くの人が「聞いたことがある」という噂の類です。「根も葉もない噂だろうけど、もし本当だったら危ないなあ」という気持ちが私にブレーキを踏ませたのです。この案件をお断りしたときに、「私が某国の反社会的勢力に感じる怖さが、金融機関の皆様が日本の反社会的勢力に感じる怖さなのだ」ということに、気づきました。

　実際には、ブラック反社のブラックの濃度が高まれば高まるほど、暴力が行使される可能性は低下します。身の安全という点で考慮しなければならないのは、グレー反社の中で粗暴な言動が顕著であるといった噂や営業店の認識がある対象先に限られます。

　私自身、怪我をしたことはありませんが、10数年前に私に暴行を加えた相手が暴行罪で検挙されたことはあります。しかし、ここで大切なことは、この相手は今でいう「ブラック反社」ではない、ということです。ホワイトではありませんが、区分するならグレー反社となります。この相手は、行為要件におい

て非常に粗暴な言動が際立った人物でした。手を出しかねない人物であることがわかっていたので、壁ひとつ隔てた部屋に警察官が3名待機しており、グレー反社が手を出した瞬間に3名の警察官が飛びかかって逮捕となりました。

## 3 ブラック反社が相手の場合

　先の逮捕者が「ブラック反社」であれば、おそらく私に手を出すことはなかったと思います。手を出せば即逮捕されるので、そのような割の合わないことはやらないからです。ブラック反社は、ビジネスの鉄則たる「費用」対「効果（メリット）」ではなく「検挙リスク」対「効果（メリット）」で考えます。

　そこで、翻って金融機関が対峙する相手はどういう属性かというと、ブラック反社がメインとなります。ブラック反社は新規取引も既存取引もアウトとなる先です。

　まず、新規取引についていえば、新規取引をゴリ押しするメリットはほとんどありません。新規取引は、取引開始によって、これからメリットが発生するかもしれないという段階ですから、口座取引であれ融資取引であれ、ここで無理をして検挙リスクを高めることなどまずしません。もっとも、融資取引については融資承認をした後でブラック反社と判明したときなどは相手側の期待値も高まっているので若干ハードルは高まりますが、怪我などさせたらますます融資実行は遠のくので、こちら側が危険な空気を感じることはあるにせよ、実際に危険が発生することは考えにくいところです。

　では既存取引はどうかということになりますが、まず口座については解約した際の残高は戻ってきますし、各種引き落としは面倒になりますが、検挙リスクを冒すほどの価値はありません。次に融資取引ですが、これとて自分の金を奪われる場面であればともかく、所詮は借金（人の金）の話です。一度に返済を求められる負担はありますが、検挙リスクと天秤にかけるような話ではありません。

　ブラック反社の天秤が検挙リスクを冒してでも効果（メリット）の獲得に傾くのは次の二つの場面です。

　一つは、莫大な利権を押さえているのに、それを奪取されるような場面です。

リスクを冒してでも利権を守りにくるでしょう。警察関係者の表現を借りると「奴らの米びつに手を突っ込むと危険」という場面です。また、その亜種として、相当な仕込みの時間をかけて、莫大な利益を目前としているのに、それを邪魔したような場面です。企業を脅し続けて、あと一歩で金を出すという寸前で弁護士が登場して金をとれなくなるような場面です。実際に私の元ボスの弁護士は蹴りを入れられました。もちろん蹴った相手は検挙されました。

　もう一つの場面は、ブラック反社の「検挙リスク」対「効果」の精緻なバランス感覚が崩れ去る場面です。それは彼らのメンツが潰される場面です。メンツを潰すとは、すなわち高圧的（上から目線）な言動、馬鹿にした言動や傲慢な言動で彼らに接することです。このような対応をするとブラック反社の頭からは「検挙リスク」など瞬時に消えてしまいます。これは当然のことです。銀行員になめられてそれに甘んじたら、彼らは彼らの世界で生きていけなくなるからです。

　すなわち、口座取引にせよ融資取引にせよ、丁寧な応接と丁寧な言動の積み上げで説得していけば、さほどのリスクはありません。もっとも、こちらがどれだけ言動に注意していても、思いがけないところでプツンと糸が切れることもあります。例えば、融資取引解消に際しての説得の場面で、私としては「競売」は回避すべく、任意の返済の検討をお願いしているのに、「競売」という言葉が出たとたん「それは脅しか」と敏感に反応するといったことがあります。私には、脅そうという意図は微塵もない以上、「競売という言葉は、あくまで選択肢として実際にあるから使っただけで、金融機関が競売を最優先と考えるなら、このような協議の場をもつ必要はありません。私は喧嘩するためにこの場を設けたのではないので、そこはご理解ください」と真意を丁寧に説明することになります。

　さらにいえば、ここまでの検討はブラック反社と金融機関担当者が対峙するという建付けでリスク分析を行っておりますが、実際には金融機関担当者が単独で交渉に臨むわけではなく担当者は複数対応が常識ですし、弁護士や警察といった外部専門機関としっかり連携して取引の入口での謝絶なり出口での解消を行うわけですからリスクはより一層低下します。多くの場合は、弁護士が中心となって交渉するなり解約通知を発することになるので矢面に立つのは弁護

士です。弁護士は相手のメンツを潰さない（おもねるということではない）対応は理解しているので、トラブルになる可能性はこれまた極めて低くなります。これが組織対応と外部専門機関との連携（公助といえる）となります。

## 4　グレー反社が相手の場合

　グレー反社の場合、多種多様な者がグレー反社というカテゴリーに放り込まれているのが実情ですから、相手の属性や行為態様に照らし暴力が発動されるリスクの測定をブラック反社に比べるとキメ細かく行う必要があります。私を殴った「ブラック反社ではないが極めて粗暴な人物」などはリスクが高くなります（だから、私も公助として警察官の臨場を要請した）。しかし、ブラック反社たる暴力団以外の属性要件において反社会的勢力として区分されている多くのグレー反社は、ブラック反社と思考様式はそれほど変わりません。怒りにまかせて暴力を振るうといった軽率なことはまずしません。

　それに加えて、グレー反社の既存取引については、警察からブラック認定が出なければモニタリングが原則となるので相手方と摩擦が生じることになりません。そうなると問題となるのは新規取引の謝絶の場面が中心となります。新規取引を謝絶する場面では、グレー反社にはまだ期待権しか発生していませんから、この場面もそれほど神経質になる場面ではありません。

　唯一リスクが高まるのは、「総合判断に基づく新規取引の謝絶」に際して、グレー反社が「謝絶の理由は自分が反社会的勢力と考えているからだろう。それは間違っているぞ」という場面くらいです。そのような場面でも、執拗な理由開示要求に屈して、「実はあなたが反社会的勢力だからです」などと口にしない限り、「総合判断です」のオウム返しという、ある意味のれんに腕押し状態が続くわけですから、丁重にお断りする限り、暴力等に転化することは考えにくいことです。

　そうすると、金融取引の謝絶・解消の場面で職員の身が危険にさらされる場面はそれほど想定できないということになります。

　つまり、一般論としても、反社会的勢力が暴力等の実力行使に及ぶことは、反社会的勢力の行動類型（検挙リスク対効果の緻密な計算のもとでの行動）に

照らし挑発等を行わない限り考えにくいし、とりわけ金融取引の解消の場面ではそのような危険な場面はより減少するということになります。

## 5　組織としての対応・意識

　まず、組織内の意識の在り方として、反社会的勢力との関係遮断は一部門や一担当者の問題でないことをきちんと共有認識すべきです。たしかに総務部やコンプライアンス部門が所管部門となることが多いのですが、反社対応は営業部門も含めた役職員一人ひとりが金融機関の社会的責任を問われる場面であることについて認識することが重要になります。組織が一枚岩となっていないと外部専門機関（警察・弁護士・暴追センター）との連携も歪なものとなりかねません。メガバンク行政処分事件においても第三者委員会報告書の中に「反社問題をコンプライアンス部門の聖域かのように位置付けていた」ことが問題発生の一因と記載してある箇所があります。その挙句の果てに監査部門のチェックを十分に機能させないという事態にまでなってしまいました。社内の綱引きなどやっている場合ではありません。戦うべきは外の反社会的勢力なのです。

## 6　外部専門機関との連携〜警察〜

　組織が一枚岩になっていることを前提として、次に行うべきは外部専門機関との連携です。まずは警察との連携について述べることとします。
　金融機関が警察と連携を図るべき場面は、保護対策や現場臨場といった保護の場面と属性照会に代表される情報提供の場面です。なお、属性照会等の情報提供の場面は「職員の身の安全」とは直接関わらないように思われるかもしれませんが、属性を知ることにより、保護の要請度合いも変わってくるので、本項で論じます。
　いずれの場面においても重要なことは、反社会的勢力との取引解消は「企業の社会的責任の実践の場であること」についての自覚です。警察や金融庁がうるさいから仕方なくやっているという空気が警察に伝わることでよいことは何もありません。警察は、自覚的に取り組んでいる企業もそうでない企業も区別

することなく対応してくれますが、反社会的勢力排除という同じベクトルを共有しているのですから、双方が気持ちよく仕事を進めていくための意気込みはことのほか重要です。

### (1) 保護対策と臨場要請
#### ① 保護対策

保護対策については、警察は基本的に保護対策を要請すればきちんと対応してくれます。だからといって、なんでもかんでも幅広に要請すればよいというわけではありません。解約対象者のポジション（暴力団組織のトップまたはそれに準ずる者かそうでないか）や、解約する契約種類等（動いている当座預金か、融資か普通口座か等）の見合いで保護対策の範囲を慎重に確定する必要があります。なお、私は、解約対象者のポジションが組織のトップまたはそれに準ずるものといった特別な場合を除き本書の対象とする金融機関（銀行・信金・信組等）の取引解消について保護対策を要請したことはありません。

また、保護対策は、要請した側で対策を解くことを行わないと、いつまでも続きます。危機が発生しない見込みがついたら警察と相談して（ただし、決定はあくまで金融機関の自己責任に基づく）保護対策の解除申請を検討することを忘れないようにすることも重要です。

#### ② 臨場要請

あらかじめ警察に反社会的勢力の営業店来店時刻を伝え、相談したうえで臨場を要請する場面もあります。私自身は臨場要請の必要を感じたことがないので臨場要請したことはほとんどありませんが（何かあってからの110番で必要十分であり、そもそもそのような事態が生じる可能性はほとんど考えられないため）、対象先が過去に営業店で暴れたり大声を出したりといった経緯があり、不測の事態を招来するおそれがある場合は、事前に所轄警察に相談しておきます。何かあったときに一から説明するより早いからです。また、このような適時に警察と相談を行うことの積み重ねが双方（警察にとっても金融機関にとっても）の信頼関係の醸成にもつながります。

もっとも、金融機関の判断で臨場要請を行い、モニタールームで所轄警察官らに私と組長の交渉を監視していただいたことがあります。心強かったことは

いうまでもありません。ただし、交渉している最中は相手を説得することに頭がフル回転しているので怖いとかそういった感情は霧散しているのが常です。

　先に述べたとおり金融取引解消の場面は、それほど危険な場面ではありませんし、そのことは数年間の取引解消実務の中で半ば証明されたといっても過言ではありません。したがって、保護対策や臨場要請についてはそれほど神経質になる必要はないと思われます。経験の少ない金融機関は、初期の取組みにおいて警察に臨場を要請するなどしつつ、実際の危険性を皮膚感覚でつかめるようになれば徐々に要請を減らしていくといった対応が現実的ではないでしょうか。

### (2) 属性照会等の情報提供の場面

　これは、職員の安全確保に直結する論点ではありませんが、警備要請の必要性を判断する前段として重要性を帯びてきます。

　私は、原則として警察が「該当あり」と認定した対象先しか既存契約の解消は行いません。周知のとおり警察の情報提供は正確性の確保を重要なポイントとしているため、ブラック反社については「該当あり」として提供される場面が多く、グレー反社については少なくなります。

　ただし「該当なし」という回答であっても、例えば企業が取引の相手で、その役員に反社会的勢力が存在しない場合でも（ちなみに商業登記簿謄本の役員欄にブラック反社が名を連ねるなどということはここ数年ほとんど見られない）、株主として関与する場合等、出資割合に照らせば看過できない場合もあります。このような場合は、たとえ「該当なし」との回答であっても放置すべきではありません。そのような場合に、強制的な手法を用いると「暴排条項該当性」をつかれたときに何の反論もできなくなるため、このような場合は、合意解約方式により粘り強い交渉を行うべき場面といえます。

　なお、警察の情報提供につき、「暴力団員も共生者や密接交際者等もすべて照会に応じると通達で言っている以上すべて情報提供せよ」と強硬な情報提供要求がなされる場合もあると仄聞(そくぶん)します。情報の発信元である警察が情報の正確性につき確証をつかみ切れない場合もあるので、すべての対象者の情報を提供できないことは、むしろ当然のことと認識すべきです。仮に、そのような情

報を提供されたとしも「あなたは密接交際者だ(あるいは「あなたは反社会的勢力だ」)」と断ずるのは、金融機関にとっても躊躇を覚えるはずです。繰り返しますが、最終的な解除の意思決定は金融機関の自己責任です。正確性について確証のない情報など最初から預からないほうがよいのです(そもそも警察も出しませんが)。堅い情報の提供を受けて堅い解消を進めていくという、堅実な方法をまずは地道に実践すべきです。ブラック反社を一掃してしまい、あとはグレー反社しかないという金融機関であればともかく、多くの金融機関はブラック反社の排除に手を焼いているのですから、対象をいたずらに拡げないという戦略も有効だと思います。しかも、先に述べたとおり「該当あり」との情報を得られなくとも、強制ではなく合意で解消を進めるという手法もあるわけです。

　なお、近時、警察は暴排条項導入前の契約についての情報提供について消極的であると聞きます。「取引解消のために情報提供しているのだから、暴排条項導入前の契約に関して情報提供しても解消できないから提供する根拠がない」という考え方のようです。しかし、私はこの考え方については疑問を感じます。

　暴排条項導入前の契約であれ導入後の契約であれ、当該取引を当該金融機関が継続していることを社会に対して合理的に説明できないのであれば、私は任意交渉によって取引解消に導く努力を尽くしています。「暴排条項導入前の契約だから広域暴力団の著名な大物幹部の契約があっても何も取引解消に向けた努力をしていません(何もできません)」という説明は通らないのではないでしょうか。暴排条項導入前の契約であれば、取引解消のハードルは高くなりますが、それでも飛び越える努力を行うことが金融機関の社会的責任であり矜持だと思います。暴排条項導入前の契約でも合意解約によって取引解消を実現すべき場合はあるし、実現できる場面はあります。そうであれば、警察の「暴排条項導入前の契約については情報提供しない」という対応は不十分と言わざるを得ません。暴排条項導入前の契約でも合意解約による解消や、厳しい方向での条件変更で早期解消への道筋をつけることは可能なのです。「情報提供しても解消できない」という判断を「暴排条項の有無」だけで行うことは、反社会的勢力との取引解消に熱心な金融機関には痛手でしかありません。警察は、高

いハードルを越えてでも反社会的勢力との取引を解消したいと考えている金融機関には力を貸していただきたいところです。

なお、先の社会的責任の有無の判断にレピュテーションリスクを考慮する立場もありますが、そもそも金融機関の抱える個別の契約は、高度の守秘義務の中におかれているので、実際にレピュテーションリスクを招来することなど考えにくいことです。したがって、外部に知れたらといったことを斟酌するのではなく、行内限りのことであっても、そのような取引を抱えていることは恥ずべきことではないかといった視点で判断すべきです。社会的責任を果たしたか否かということは、世に知れる知れないにかかわらず、金融機関として社会が期待する適正な判断ができているかどうかにかかっているのではないでしょうか。

## 7 外部専門機関との連携〜弁護士〜

弁護士が金融機関の職員の身の安全を図る場面は、警察ほど多くはないですが、それでもできることはあります。それは以下の3つです。

- ・研修
- ・マニュアル等の監修
- ・金融機関と警察と弁護士の三者の連携

### (1) 研 修

先に述べたとおり、「金融取引の解消の場面で反社会的勢力から殴られることはない」といった弁護士からすれば当然のことでも、役職員は当然のことは思っていません。弁護士が「皆さんが考えているほど危険ではない。しかしなめてはいけない」という基本スタンスを伝えていくことは重要です。

その他、政府指針の理解、暴排条例の理解、反社会的勢力の現況についての理解、金融庁の検査事例についての理解、実際の対応例等々、押さえておくべきことは少なくありません。

先に、「実際に殴られることはない」といったことは、私の前著『反社会的

勢力対策とコンプライアンス』でも採り上げた事項で、相当程度浸透していると考えておりましたが、研修会の事前質問等を通じて、役職員の皆様が私が考えている以上の恐怖を（それは、皆様の側が作り上げた虚像に対する恐怖ではあるものの）感じていることに気づくに至りました。そこで、私が実際の研修の際に採り上げるロールプレイングシナリオを第3章で紹介しています。

　反社会的勢力への対応を身に付ける最善の方法は、ＯＪＴです。実際に業務を通じて反社会的勢力と向き合えば、仕事である以上失敗はできないという緊張感の中、ロールプレイング数回分のスキルを身に付けることができます。ちなみに、私が反社会的勢力の折衝現場に金融機関の担当者の同席を薦めるのはＯＪＴの効用を少なからず意識しているからです。

　実際の折衝の場面に際して、必ず達成しておかなければならないことがいくつかあります。

　まず、何をおいても重要なことは、関連資料を隅から隅まで読み込んでおくということです。口座であれば、どの口座から毎月どのような種類の引き落としが幾らくらいあるのか、融資取引であれば、融資の始期と終期、現在の融資残高、担保の直近の評価といった必須の事項のほか、関連する事項について頭に叩き込んでおくことで、交渉の際、相手に「この担当者は、俺の取引のことを熟知している」と印象づけることができます。この程度のことは当たり前のことで加点事由ではありませんが、基本的な数字を間違えてファイルをひっくり返したりするといった減点材料をなくすという点で、きちんと準備しておくべきことです。

　次に、折衝は相手より多い人数で行うということはよく言われることですが、例えば、3名で応援したものの、話をするのは1名だけで、残りの2名は30分間一言も発しないというのでは、複数対応のメリットを活かしきれていないということになります。もちろん、主担当者と相手方との折衝が非常に円滑に進んでいるといった場合には、他の担当者がその円滑な流れを阻害しないということも重要です。要は、話のイニシアティブを金融機関側がもっているのであれば、それでよいのですが、イニシアティブを反社会的勢力にもっていかれそうになったときに、連携して金融機関側にイニシアティブを引き戻すことが重要になります。

第2章　金融機関の対応〜担当者から寄せられる質問を中心に〜

　例えば、議論の内容とは無関係に大きな声を出すとか机を叩くといったことがあれば、サブの担当者の「声を荒らげないでください」といった牽制球は必須です。折衝マナー自体はまともでも、話している内容がまともでないときにも、サブの担当者が「申し訳ありませんが、話が本筋からズレていませんか」といった牽制球を投げることは有効です。
　ファーストコンタクトからクロージングまで、一連の流れを金融機関側のイニシアティブのもとで進めることができれば、満足できる折衝成果を得られる可能性が高まります。
　ロールプレイングにおいても、これらのことを十分に意識して、真剣に臨場感をもって取り組めば、ＯＪＴには及ばずとはいえ、一定の成果を上げることができます。
　なお、本書で紹介するロールプレイングのシナリオは全くの創作ではなく、私が実際に経験した複数の事例をミックスして再構成したものです。
　ちなみに、ロールプレイングは私の事務所内部でも採り入れています。
　私の事務所は弁護士が出払ってしまうことが少なくなく、秘書が反社会的勢力からの電話を受けることもよくあるからです。
　電話の種類は2種類あり、不当要求系の反社会的勢力からの電話と合意解約招致通知を受領した反社会的勢力からのレスポンスの2種類です。不当要求系の電話については、想定されるシナリオを用意して、会議室で本番さながらのロールプレイングを行っているので、秘書は「ロープレが一番きつかったから本番のほうが楽です」と言います。
　合意解約に関する電話は、私は秘書の最初の電話応答の声を聞いただけで電話の相手が反社会的勢力とわかります。弊所は常にホスピタリティの高い電話対応を心掛けていますが、合意解約招致通知を読んで折り返してきた反社会的勢力への電話対応はさらに2割増しの上級な対応になるからです。
　これは、合意解約をとりつけるために必要なことはどんなことでもきちんとやっておこうという狙いに由来します。あくまでこちらはお願いする立場というスタンスである以上、それに応じた対応があってしかるべきと考えるからです。
　逆に、例えば私が不在の際に、不当要求系の反社会的勢力のコールバック要

請がなされたとき、これに秘書は応じません。「コールバック依頼があったことは森原に伝えますが、折り返しの判断は森原にて行います」と答えることになっているからです。相手は「はいそうですか」とは言いませんので、その後もリアルなシナリオに沿って対応することになります。

ところが、これが合意解約に関する電話であれば秘書の対応は180度変わります。具体的には、次のようなやりとりとなります。

**秘書**：森原は地方出張中です。○○様、森原より後ほど折り返し電話させていただきます。只今、地方で講演中ですが、○○様から電話があれば休憩時間に必ずかけると申しておりました。

**反社**：いいよいいよ。こっちからまた電話するよ。

**秘書**：森原が、こちらからのお願いごとだから必ず森原からかけさせていただきたいと申しておりますので、よろしくお願いいたします。

**反社**：そうかい。悪いねえ。

反社会的勢力は弁護士宛てに電話をかけるのだからと多少肩に力が入っているかもしれませんが、秘書の丁寧な対応と、「お願いごとだからこちらから折り返します」という、ある意味当然のことではありますが筋の通った対応に、この弁護士は人間的に接してくれるかもしれないと（少しだけ）思うわけです。そして、私が後に実際に電話をかけると、丁寧な物の言い方で丁寧に状況を説明してくれる（ただし筋は曲げない）という想定外の展開になり、「こいつの話なら聞いてやってもいいか」となるのです。実際に取引解消後に、反社会的勢力から会社宛てに「おまえのところはいい弁護士を持ってるなあ。あんなにきちんと話をしてくれる人はいないよ。大事にしろよ」といった電話がかかったことも何度かあります。私自身「手紙からして随分丁寧な手紙を書く人だと思ったけど、話してみてなるほどなと思ったよ」と言われたことがあります。

私自身は反社会的勢力との交渉についてロールプレイングを行って準備をしたことはありませんが、先のような展開になるのは、実は秘書の初動がしっかりしているからなのです。秘書が練習どおりのきちんとした初動対応を行ったうえで、私が臨機応変に相手と正面から向き合う交渉を行うという2つがセットとなって成果に結びついているのです。

なお、第3章のシナリオは攻守のセリフがあらかじめ決まっていますが、研

第2章　金融機関の対応〜担当者から寄せられる質問を中心に〜

修によっては状況設定と最小限の約束ごとだけ決めておいて、攻守それぞれ3名程度（1組6名）として、それを複数組作り、反社側（攻める側）と金融機関側（守る側）で作戦会議を別室で開催し、「いざご対面！　交渉開始！」といったロールプレイング研修を行うこともあります。ゲーム感覚を取り込みながら、しっかり頭脳をフル回転させることができますし、なによりも反社会的勢力側の立場を疑似体験することで「実は反社会的勢力側も攻めあぐねてしまうから、大声を出したり睨み付けたりするんだ」ということに気づくよいきっかけとなる有効な方法だと思います。また、単にシナリオを読み上げるだけではなく、自分の頭で臨機応変に対応する方式でロールプレイングを行うと、本論を切り出す前に伝えておくべき事項（録音することの告知、面談時間の設定等）を落としてしまうことがままあります。

　本論が肝となるので、そちらにだけ注意が向いてしまい、録音や面談時間の制限告知を失念してしまうのです。ロールプレイングを通じて、座学で十分理解したはずのことが、実際には意外とできないということに気づくだけでも大きな成果です。各社で工夫を凝らしてロールプレイングにトライしてみてください。

## (2)　マニュアル等の監修

　反社会的勢力への対応マニュアルについては、いずれの金融機関もしっかりした内容のものを作成していますが、弁護士がレヴューすれば矛盾した記載や一貫していない箇所が出てくることも少なくありません。よく見受けられるのは、会社としては合意解約方式を採用しているにもかかわらず、マニュアルの内容が強制解約方式になっている等です。金融庁の監督指針が「入口」「中間管理」「出口」の視点を打ち出しているので、当該金融機関の規模特性を斟酌しつつ、それぞれについて過不足はないかをきちんと検証すべきです。

　その際、注意すべきは、志の高さは評価できるとしても、当該金融機関の規模特性に照らし、本当に実行可能性がある施策となっているかという点です。金融検査において留意すべき点の一つとして「宣言したことは必ず実行する」というものがあると私は考えています。実際、指摘されている事項の多くは「当行ルールはこうです」と活字になっているのに、実務運用が決めたことと

乖離している点です。ルールを遵守していない以上、検査で指摘されても仕方のないことです。当該金融機関の決まりで「こうする」と定めてあることが「できていない」ということが一番よろしくないことではないでしょうか。

　そもそも、実現が到底不可能な志をルール化してしまうと、後で自らの約束に背いた場合の責任が生じることになります。これは「目標を低くせよ」ということではありません。最低ラインは、当該金融機関に寄せられる「社会の要請」との見合いで自ずと決せられるので、それを割り込む目標など採用できるはずがありません。最低ラインに甘んじることなく、高みを目指すことは必要なことですが、無謀な設定も適切ではないということです。このライン設定は、弁護士の立場からは、その客観性ゆえ貢献できる場面ではないかと思います。

　なお、マニュアルの中には職員の身の安全を守ることの重要性を記すとともに、「挑発しない」といった禁避事項を列挙しているものがあります。禁避事項の列挙も有用ではありますが、「やってはならないこと」を複数覚えること以上に重要なことは、「やるべきこと」を正面からきちんと押さえておくことです。それは、どのような場面であれ「丁寧な応接と丁寧な言動を徹底すること」です。丁寧な応接と丁寧な言動を徹底すれば、自ずと禁避事項は避けることができるからです。実際に私が交渉で心掛けていることは「丁寧な応接と丁寧な言動」と、反社会的勢力が行き過ぎたことを言ったときに、「今のはどういう意味ですか」とか「そういうことをおっしゃるなら、今日の話は終わりです」といったように、一線を超えたときにそれを見過ごさないという2点です。

## (3)　金融機関と警察と弁護士の三者の連携

　主体となる金融機関のみならず弁護士・警察が相互に連携をとれるようにする態勢作りとしては、次のような試みも有効だと思います。

　金融機関が警察や弁護士を招いて研修会を行うことがあります。往々にして警察の研修会は警察だけ、弁護士の研修は別期日で弁護士だけ、といったことになりがちです。しかし、金融機関と金融機関の警察OBと警察と弁護士がきっちりした連携をとることが可能であれば、それは理想形ですから、その実現のために金融機関内の研修に警察と弁護士をともに招いて三者（金融機関・警察・弁護士）合同の研修会を行うことも意義のあることです。私も三者合同

研修会を経験したことがあります。警察、弁護士の双方とも暴排に向けた情報交換は望むところですから、こうした研修は絶好の機会となります。なによりも受講している役職員からすれば、金融機関と警察と弁護士がスクラムを組んでいる現場に参加していることになるわけですから、自行の反社会的勢力排除への取組みについて大きな安心感を得られることになります。

## 8 職員の身の安全に関するまとめ

これまで述べてきたことをまとめますと、以下の8項目となります。
① 反社会的勢力が実力行使に及ぶ場面は、実際は思っているほど多くない。（留意すべきは、大きな利権が絡む場面とメンツを潰された場面です）
② 金融取引解消の場面ではより一層実力行使に及ぶ場面は少なくなる。（大きな利権が絡む場面は少ないし、丁寧な応接と丁寧な言動を心掛ければメンツを潰すようなことも生じにくいはずです）
③ 交渉場所は本店または営業店内とする。交渉場所についてどうしても先方が応諾しない場合は、ホテルの喫茶室など衆人環視の場とする。
④ 組織対応を行う一環として、相手より多人数で対応する。なお、私は、複数の支店に関連する事案で複数の支店の次長が同席したため、結果としてブラック反社1名対金融機関側5名という状況になってしまった経験があり、これでは少々金融機関側が威圧的な雰囲気になってしまうと感じたことがある。やはりバランス感覚は必要と思われる（この時は、私は全支店の次長が同席することを事前に知らされていませんでした）。私の交渉スタンスは、相手を一人の人間として尊重することを基礎におくので、先のような状況は私の流儀に照らしても適切ではなかったと思う。
⑤ 丁寧な応接と丁寧な言動を一貫して堅持すること。相手方の属性について思うところがあっても、当該交渉の目的は、金融機関として「できないこと」「やるべきこと」を相手に理解してもらうことがポイントとなるので、理解いただくために必要な交渉態度というものは自ずと導かれる。

⑥　ブラック反社およびグレー反社のほとんどは、新規取引の謝絶の場面で暴れることは考えにくいこと、既存取引の解消の場面でも対応の仕方が相当なものであればトラブルになることは考えにくいことを念頭において交渉すること。
⑦　警察の保護対策や臨場要請は、対象先のポジションや取引種類の総合判断で慎重に決すること。
⑧　弁護士の研修やマニュアルの監修を通じて身の安全を図る心構えや話法を伝えていくこと。

# 2 口座取引・融資取引からの反社会的勢力排除における22の類型

## 1　22の類型の概要

　平成19年の政府指針リリースから7年を迎えた平成26年7月現在、そもそも論として「反社会的勢力とは何か」といった部分にはいまだ混沌としたところもありますが、多くの金融機関は、比較的早い段階で排除すべき対象を漠とした「反社会的勢力」から「ブラック反社」と「グレー反社」に仕分けしており、実務的には金融暴排の理論は確実に進化を遂げていると思います。

　極々単純化して考えれば、次の(i)から(v)の組み合わせで大枠は決まります。
 (i)　新規取引の謝絶なのか、既存取引の解消か
 (ii)　新規取引・既存取引はそれぞれ口座取引か融資取引か
 (iii)　(i)が既存取引のとき暴排条項導入前契約か暴排条項導入後契約か
 (iv)　自社データベース（以下、「ＤＢ」という）上、対象先はブラック反社かグレー反社か
 (v)　反社会的勢力該当性についての警察の裏付けの有無（「該当あり」か「該当なし」か）

　この5つの視点を実務的な観点から組み合わせると、22の類型が浮かび上がってきます。まずは、22の類型と類型ごとの対応について概観します。ここで行うのは、あくまで概観ですから、一つひとつの詳細な内容は後の詳解で確認してください。

### (1)　新規の口座取引の場合

　新規取引は、現在本書を手にしている金融機関の皆様においては例外なく暴排条項導入後の契約となるので、(iii)の検討は不要となります。また警察への属性照会も新規口座取引においては基本的に行わないので、(v)の検討も不要とな

ります。

　したがって、新規の口座取引への対応はシンプルな整理となります。

①新規口座取引→自社ＤＢ上ブラック反社……謝絶
②新規口座取引→自社ＤＢ上グレー反社……原則謝絶

(2)　新規の融資取引の場合

③新規融資取引→自社ＤＢ上ブラック反社→警察照会で「該当あり」……謝絶
④新規融資取引→自社ＤＢ上ブラック反社→警察照会で「該当なし」……原則謝絶（警察照会で「該当なし」となっても、グレー反社の可能性は残るので「原則謝絶」となります）
⑤新規融資取引→自社ＤＢ上グレー反社→「該当あり」……謝絶
⑥新規融資取引→自社ＤＢ上グレー反社→「該当なし」……原則謝絶（警察照会で「該当なし」となっても、グレー反社の可能性は残るので「原則謝絶」となります）

(3)　暴排条項導入前の既存の口座取引の場合（実務で多い類型です）

⑦既存口座取引・暴排条項導入前契約→自社ＤＢ上ブラック反社→「該当あり」……強制解約または合意解約
⑧既存口座取引→暴排条項導入前契約→自社ＤＢ上ブラック反社→「該当なし」……モニタリング
⑨既存口座取引→暴排条項導入前契約→自社ＤＢ上グレー反社→「該当あり」……強制解約または合意解約（自社ＤＢでグレー反社となっている者が警察照会で該当ありとなるケースはほとんどないので、⑨は実務上レアケースといえます）
⑩既存口座取引→暴排条項導入前契約→自社ＤＢ上グレー反社→「該当なし」……モニタリング

## (4) 暴排条項導入後の既存の口座取引の場合

⑪既存口座取引→暴排条項導入後契約→自社ＤＢ上ブラック反社→「該当あり」……強制解約
⑫既存口座取引→暴排条項導入後契約→自社ＤＢ上ブラック反社→「該当なし」……モニタリング
⑬既存口座取引→暴排条項導入後契約→自社ＤＢ上グレー反社→「該当あり」……強制解約
⑭既存口座取引→暴排条項導入後契約→自社ＤＢ上グレー反社→「該当なし」……モニタリング

## (5) 暴排条項導入前の既存の融資取引の場合（実務で多い類型です）

⑮既存融資取引→暴排条項導入前契約→自社ＤＢ上ブラック反社→「該当あり」……早期回収交渉
⑯既存融資取引→暴排条項導入前契約→自社ＤＢ上ブラック反社→「該当なし」……原則モニタリング（ただし、属性照会が「照会不可」の場合は、早期回収交渉を行う必要がある場合があります）。
⑰既存融資取引→暴排条項導入前契約→自社ＤＢ上グレー反社→「該当あり」……早期回収交渉
⑱既存融資取引→暴排条項導入前契約→自社ＤＢ上グレー反社→「該当なし」……モニタリング

## (5) 暴排条項導入後の既存の融資取引の場合

⑲既存融資取引→暴排条項導入後契約→ブラック反社→「該当あり」……原則期限の利益喪失
⑳既存融資取引→暴排条項導入後契約→ブラック反社→「該当なし」……原則モニタリング
㉑既存融資取引→暴排条項導入後契約→グレー反社→「該当あり」……原則期限

の利益喪失
㉒既存融資取引→暴排条項導入後契約→グレー反社→「該当なし」……原則モニタリング

## 2　22の類型の詳解

### (1)　新規取引に関する総論

　新規取引は契約自由の原則が妥当する場面です。これに対し、既存取引解消の場面は、取引解消によって相手方が不利益を被ったときに、その損害賠償に耐え得るレベルの立証可能性を吟味しなければなりません。立証可能性の要となるのは、警察への属性照会の結果ゆえ、既存取引解消に際しては警察への属性照会が不可欠です。しかし、日々相当数の申込がなされる新規取引を開始するか否かをすべて警察への属性照会を経たうえで決するなどということはできるはずもありません。また、何もかも警察照会しなければならないとすれば、自社ＤＢの存在意義も失われてしまいます。多くの金融機関が自社ＤＢとのマッチングで新規取引の可否を判断しているのも合理的なことといえます。

### (2)　新規の口座取引の場合

①新規口座取引→ブラック反社……謝絶
②新規口座取引→グレー反社……原則謝絶

　新規の口座取引は、暴排条項導入後の契約になるので、暴排条項に抵触する者との取引は謝絶しなければなりません。自社ＤＢのブラック反社に該当した場合は、謝絶することになります。
　グレー反社の場合も原則として契約自由の原則に基づいて謝絶することとなります。
　ただし、グレー反社といってもその中味は様々です。例えば暴力団員と同居している配偶者等については謝絶を躊躇することはないでしょうが、同居はし

ているが会社勤めをしている子供についてはどう対応するか、データとして不完全ながら消去するわけにもいかないといったデータ（各金融機関の協会から届くデータには氏名のみで生年月日データが欠落しているという場合もある）にヒットした場合はどうするかといった悩ましい問題も残ります。ここは各金融機関においてスタンスをきちんと決めておくべき点です。

同居している家族に対しては一律排除というスタンスもあるでしょうが、地域情報として暴力団員の家族情報の詳細を得ている場合に、組の活動の助長性が認められないようなケースは口座開設を認めるという選択もあり得るところです。

氏名のみがヒットするも、生年月日情報が欠落している場合、かすった以上はアウトとする選択もあるようですが、全国民1億2,700万人強のうち5万8,000人強の暴力団員らの割合は0.05％にも満たない存在です。残りの99.95％の一般人の口座開設が誤って拒絶されることの問題性についてもきちんと目を向けるべきだと思います。既製品の印鑑がすぐ買えるような一般的な名字の人の氏名が一致することをもって、生年月日情報もないのに（新聞報道で年齢が掲載されることはあっても生年月日情報はまず載らない）、年格好が一致することをもって安易に排除することの良し悪しは十分に議論すべきことと思います。

## (3) 新規の融資取引の場合

> ③新規融資取引→ブラック反社→「該当あり」……謝絶
> ④新規融資取引→ブラック反社→「該当なし」……原則謝絶

融資取引は、その融資金が反社会的勢力に流れたときには、ストレートな助長取引となってしまうので、慎重な姿勢が口座取引以上に求められます。

自社ＤＢでブラック反社にヒットし、かつ警察照会でも該当ありということであれば例外なく謝絶となります。

それでは、自社ＤＢでブラック反社にヒットしたものの、警察照会では該当なしとなった場合はどのように対応すべきでしょうか。警察照会で該当ありとされるものは、反社会的勢力という幅広のカテゴリーの中核となる暴力団員を軸とするものです。したがって、該当なしという結果は必ずしもホワイトを意

味するものではありません。融資取引については、助長取引となるリスクが高いことに鑑みれば、これから新たな取引をあえて開始するだけのよほど合理的な理由があるといった場合を除き、総合判断で謝絶すべきと解されます。

⑤新規融資取引→グレー反社→「該当あり」……謝絶
⑥新規融資取引→グレー反社→「該当なし」……原則謝絶

　自社DBでグレー反社であっても、警察照会で該当ありということであれば、例外なく謝絶することになります。

　自社DBでグレー反社で、かつ警察照会で該当なしとなった場合は、先に述べたとおり、警察照会における「該当なし」という回答は必ずしもホワイトを意味するものではないことに鑑み、これから新たな取引をあえて開始するだけのよほど合理的な理由がある場合を除き、総合判断で謝絶すべきと解されます。

---

**Column 3**
**自社内DBでブラック反社となったのに、
なぜ警察照会で該当なしとなるのか**

　　自社DB上「該当あり」となったからといって、警察照会の結果も「該当あり」となるとは限りません。例えば、自社DBへの登録時点では反社会的勢力であったが、その後の時間経過のうちに反社会的勢力ではなくなったということもありえるところです。
　　警察は「正確性」という観点から、より精度を上げた照会対応を行っているので、社内で該当ありとしても、必ず警察照会において該当の有無を確認しておく必要があります。
　　警察照会の結果、「該当なし」という回答を得たときは、それ自体、有益な情報です。警察が該当なしとしたものを漫然とブラック反社に登録しておくと、ブラック反社の取引を解消することなく放置したということにもなりかねないので、グレー反社へ登録変えしておく必要があります。その際、金融機関側の恣意的な登録変えではないことを担保するために、私は「○月○日午後3時、○○警察、組織犯罪対策課にて××氏の属性照会を行ったところ『該当なし』との回答であった。よって××氏についてはDB上グレー反社への移行を相当と思料いたします」といった報告書を金融機関に差し入れています。

## (4) 暴排条項導入前の既存の口座取引の場合

　暴排条項導入前の口座取引については、後に導入した暴排条項を遡及して適用するかしないかについて各金融機関でスタンスを決める必要があります。遡及適用可するのであれば強制解約となり、遡及適用不可とするのであれば合意解約に向けて動き始める必要があります。なお、遡及適用不可という方針を決めたときに、「遡及適用できないので暴排条項導入前取引は塩漬け」とする金融機関もあるようですが、遡及適用の可否にかかわらず合意解約に向けた努力はできますので、塩漬けとするといった判断は採るべきではありません。

> ⑦既存口座取引→暴排条項導入前契約→ブラック反社→「該当あり」……強制解約または合意解約

　既存口座についても暴排条項を適用可とするのであれば強制解約、適用不可とするのであれば合意解約に向けて動き始めます。

> ⑧既存口座取引→暴排条項導入前契約→ブラック反社→「該当なし」……モニタリング

　既存口座については、取引解消時に相手方に損害が発生することもあるので（多額の金員移動が日常的に行われている口座・保険料等の引き落とし不能が契約の存亡に影響を与えるような口座等）、訴訟に耐え得る立証可能性を確保すべきです。警察が「該当なし」とした取引先については取引解消に向けたモニタリング（監視活動）を継続するという選択が妥当です。

> ⑨既存口座取引→暴排条項導入前契約→グレー反社→「該当あり」……強制解約または合意解約

　自社ＤＢでグレー反社という位置づけであったとしても、警察の裏付けを得ることができる先であれば、強制解約または合意解約を実行することになります。

> ⑩既存口座取引→暴排条項導入前契約→グレー反社→「該当なし」……モニタリング

⑧と同様、モニタリングを継続することになります。

## (5) 暴排条項導入後の既存の口座取引の場合

⑪既存口座取引→暴排条項導入後契約→ブラック反社→「該当あり」……強制解約

　暴排条項導入後に何らかの理由で入口チェックを潜り抜けてしまったケースです。このような場合は、暴排条項を迷わず適用しなければならない場面です。口座の利用状況に配慮することはあっても、遠慮することなく強制解約通知を発すべきです。属性に関する表明確約の提出を受けていると思われるので、警察に刑事事件としても相談すべきです。

⑫既存口座取引→暴排条項導入後契約→ブラック反社→「該当なし」……モニタリング

　自社ＤＢでブラック反社とヒットしたとしても、強制解約を裏付ける立証可能性という点で脆弱である以上、慎重に対応すべき場面です。このケースは暴排条項導入後のケースゆえ、暴排条項導入前のケースのように警察の属性照会も門前払い的な「照会不可」という扱いではないので、著名な幹部であるにもかかわらず警察の回答が得られないといったことはありません。それでもなお、警察が「該当なし」としているのであれば、その回答を尊重してモニタリングに努めるべきといえます。

⑬既存口座取引→暴排条項導入後契約→グレー反社→「該当あり」……強制解約

　このケースは、自社ＤＢのグレー反社登録が本来ブラック反社登録すべき者であったか、登録当時グレー反社だった者が照会時にはブラック反社になっていたかのいずれかです。いずれにせよ、照会時において暴排条項に抵触していることが明らかなケースゆえ強制解約を実行すべきといえます。

⑭既存口座取引→暴排条項導入後契約→グレー反社→「該当なし」……モニタリング

自社ＤＢでグレー反社レベルのマッチングしかできず、かつ警察の該当ありという回答を得られなかったのであれば、その回答を尊重してモニタリングに努めるべきといえます。

### (6) 暴排条項導入前の既存の融資取引の場合

暴排条項導入前の融資取引については、暴排条項の遡及適用を行っている金融機関は見られないようです。暴排条項の遡及適用を行わないのであれば、延滞等の期限の利益喪失事由が発生しない限り債権回収は行えないのかというとそうではありません。任意の一括返済や繰上返済の実現に向けた最大限の努力をすべきです。

⑮既存融資取引→暴排条項導入前契約→ブラック反社→「該当あり」……早期回収交渉

暴排条項導入前の融資契約については、暴排条項に基づく取引解消はできないので、警察は属性照会において照会不可とするのが原則ですが、例外的に該当ありとの照会結果を得た場合でも、暴排条項導入前の契約ゆえ暴排条項に基づく回収はできません。しかしながら、ブラック反社への融資は助長取引である以上、回収に向けた努力を何も行わないというのは適切ではありません。金融機関を取り巻く社会環境・社会の要請および反社会的勢力を取り巻く社会環境を丁寧に説明することによって早期回収に向けた交渉努力を尽くすべきです。

⑯既存融資取引→暴排条項導入前契約→ブラック反社→「該当なし」……原則モニタリング。ただし例外に注意（既存融資取引に関し実務で一番多く生じるケースです）。

なぜ、このケースが実務で一番多く生じるのかというと、このケースは暴排条項導入前の契約であるため、門前払い的な「照会不可」という扱いとなることが多いからです。したがって「該当なし」という分類ではあるものの、厳密には「照会不可」の結果、属性該当性が有るのか無いのか不分明といったほうが正確です。つまり、著名な幹部であるにもかかわらず警察の回答が得られないといったこともあり得ます。このような場合、照会の結果「該当なし」と

なったケースと同視すべきではありません。照会の結果「該当なし」となったケースは、対象者が少なくとも現役で現在活動性のある暴力団員ではない可能性が相当高いケースと言えますが、「照会不可」ケースは、著名な幹部であっても警察の属性認識を開示してもらえないという状況にすぎませんから、「該当なし」ケースのように一安心などできないケースだからです。したがって、「照会不可」となった場合、警察の回答がないことをもって「これ幸い」と何もしないという選択は適切ではありません。金融機関側において明確に暴力団員と認識できる融資先については、警察が照会不可としても、公知情報等を積み上げて属性の立証可能性を高める努力を行い、早期回収交渉に努めるべきです。もとより著名な幹部であれば、属性を争うということは基本的にありません。

　問題は、著名とまでは言えないため公知情報による裏付けがとれないものの、確度の高い地域情報として暴力団構成員であることを把握している場合です。このような場合は、モニタリングに努めるほかありません。

⑰既存融資取引→暴排条項導入前契約→グレー反社→「該当あり」……早期回収交渉

　前記⑮⑯の解説で述べたとおり、暴排条項導入前の融資取引に関する属性照会は「照会不可」となる可能性が高いので、該当ありという結果を得られる可能性は低いと言えます。それでもなお該当ありとの結果を得たのであれば、暴排条項に基づく回収はできませんが、早期回収に向けた交渉努力を行うべきです。

⑱既存融資取引→暴排条項導入前契約→グレー反社→「該当なし」……原則モニタリング

　⑯の解説で述べたとおり、ブラック反社であれば公知情報等で立証可能性を高める自助努力ができる余地がありますが、グレー反社となると、公知情報等を集めることは非常に困難です。そもそも公知情報が相当レベルで集まるならグレー反社ではなくブラック反社と区分されているはずです。したがって、このケースはモニタリングに努めるほかありません。

## Column 4
## 暴排条項導入前融資契約に関する属性照会時の「照会不可」という扱いについて

　警察照会で該当なしとなるケースには、正確には「照会不可」というケースと、照会の結果「該当なし」となるケースの2つのケースが存在します。

　「照会不可」となるケースの中心は、暴排条項導入前の融資契約です。「照会不可」という取扱いは、オリコ社の経産省宛て平成25年11月22日付報告書別紙2資料4の中で、「警察へ属性照会を行った暴排条項導入前契約の未完済分92件の全件について『照会不可』（暴排条項がないため）」という記述がなされたことで広く周知されるようになりましたが、私自身の経験でも、警察の取扱いは同報告書と同様の取扱いとなっています。

　暴排条項導入前の契約については、暴排条項というカードを切れないがゆえに取引解消は困難となり、取引解消に資することのない情報提供は情報提供の根拠を欠くことになるという理解のようです。この取扱いによると、完全なブラック反社であっても、情報提供を受けられないということになります。暴排条項導入前の融資契約については、約定弁済を受け続けるという選択肢しかないという金融機関であれば、情報提供がなされないことから派生する不都合はありません。しかし、暴排条項導入前の融資契約であっても取引解消に向けた最大限の努力をせんとする金融機関にとっては情報提供を受けられないことは大きな障害となります。

　既存の取引は、それが口座取引であれ融資取引であれ、取引先の属性がブラック反社であれグレー反社であれ、また、暴排条項導入の前後にかかわりなく、さらに警察の裏付けの有無にかかわらず、当該取引が当該金融機関においてその継続が適切でないと判断されるものであれば、取引解消の努力は行うべきです。

　「暴排条項導入前の取引の解消を警察の裏付けがなくてもできるんですか」という質問が出てきそうですが、取引解消の努力はできます。例えば合意解約なら暴排条項の有無など関係ありません。合意による取引解消なら10年前の取引でも何の問題もありません。また、融資取引において一括回収はできなくとも、繰上返済等の早期回収に向けた合意を取り付けることは可能です。取引を即時解消できなくとも、例えば分割返済の残期間が10年の取引を5年に短縮できれば、それもまた5割の成果ではあれ、取引解消の進展といえます。

> 私は相当数の取引の解消を行ってきましたが、そのほとんどは暴排条項導入前の取引です。基本的には警察の裏付けを得た対象先を解消していますが、「どうしてこの人が『該当なし』あるいは『照会不可』になっちゃうの」という対象先は放置しません。暴排条項という武器がないので交渉はしんどいですが、多くの場合、合意解消の努力を重ねることで解消に向けた進展は見込めます。なぜなら暴排条項はなくとも「社会の要請」というより強力な支えが金融機関にはあるからです。

## (7) 暴排条項導入後の既存の融資取引の場合

そもそも暴排条項導入後に漫然と融資を行う金融機関が多数存在するとは思えないので、この項の取引が実務上問題となることはさほどないと思われます。

#### ⑲既存融資取引→暴排条項導入後契約→ブラック反社→「該当あり」……原則期限の利益喪失

このケースは、暴排条項の適用に何の障害もありませんが、債権回収には相手方の資力という別途考慮すべき事情があります。暴排条項を適用して期限の利益を喪失したとしても不良債権化して、反社会的勢力に事実上の手残りが発生するような場合は、暴排条項の適用について慎重に検討する必要が出てきます（詳細は77頁以下を参照）。

#### ⑳既存融資取引→暴排条項導入後契約→ブラック反社→「該当なし」……原則モニタリング

このケースは暴排条項導入後ゆえ、警察の属性照会において「照会不可」となることはありません。きちんと照会の結果「該当なし」という結論が出ているわけですから、原則モニタリングということになります。

#### ㉑既存融資取引→暴排条項導入後契約→グレー反社→「該当あり」……原則期限の利益喪失

このケースは、最終的にブラック反社として「該当あり」となったわけですから⑲と同様になります。

㉒既存融資取引→暴排条項導入後契約→グレー反社→「該当なし」……原則モニタリング

　このケースは⑳と同様になります。
　なお、平成26年6月4日に金融庁から公表された「『主要行等向けの総合的な監督指針』等及び『金融検査マニュアル』等の一部改正（案）に対するパブリックコメントの結果等について」の別紙1「コメントの概要及びコメントに対する金融庁の考え方」（以下、「パブコメ回答」という）No77の「金融機関において契約当事者が反社会的勢力に該当するとの疑いを認知したものの、警察から当該契約当事者が反社会的勢力に該当する旨の情報提供が得られず、かつ、他に当該契約当事者が反社会的勢力に該当すると断定するに足りる情報を入手し得なかった場合に、期限の利益の喪失等の特段の措置を講じないことは必ずしも利益供与となるものではなく、また、必ずしも金融機関の業務の適切性が害されていると評価されるものではないと解されるが、そのような理解でよいか」というコメントに対して、金融庁は、「ご指摘の場合は、様々な手段を尽くしたものの反社会的勢力であると判断できなかった場合と理解されますので、ご理解のとおりと考えます」と回答しています。

## 3　メガバンク行政処分事件を通じての私自身の反省

　平成25年9月27日、金融機関のみならず社会全体を激震させる事件が発生しました。ご承知のメガバンクの暴力団向け融資の放置と称された事件です。
　私は、この事件を岡山で講演を終えた帰りの新幹線車中でPCに飛び込んできたメールで知りました。東京駅行きののぞみ号が小田原を通過した頃にこの事件の第一報が入り、その後東京駅に着く頃には事務所から「○○新聞がコメント依頼です」「○○銀行から本件についての相談です」という連絡が立て続けに飛び込んできました。取材に際してのマスコミから私に対する説明が「暴力団向け融資230件で総額2億の融資について2年間放置していたことが発覚した」という内容であったため、「暴力団向けの融資が2億、230件は少し多過ぎるなあ。しかも気づきながら2年放置はまずいだろう」というスタンスで対

応していました。翌日の日刊紙朝刊には「暴力団向け融資2億円」「230件」「2年放置」といった文言が乱れ飛びました。「暴力団向け融資」と日刊紙が書く以上、私の中では勝手に「融資先の属性について警察の裏付けあり」という補正入りで先の記事を理解していたのです。ところが、その後の各種報道や報告書で明らかになってきた事実と照合すると、どうやら一連の大報道には先に述べた(i)から(v)の視点での分析はなかったのだということに気づきました。先のオリコ社報告書から推論すると「融資先の属性について警察の裏付けあり」の取引先はごく一部でしかない可能性が高まってきたからです。私も、安易に暴力団向けの総額2億円にも上る融資が230件もあったと思い込んでしまった一人ですが、人は報道された事実を前提に次の策を考えてしまいがちです。「問題の本質」を把握しないまま表層的な事象で右往左往することについて反省させられた事件でした。

　私が、仮に取引先から「暴力団向け融資を発見したのだが、今後の対応をどうすればよいか」と問い合わせを受けたのであれば、確実に(i)から(v)を意識した対応をしていたはずです。改めて(i)から(v)の視点を確認しましょう。

　(i)　新規取引の謝絶なのか、既存取引の解消か
　(ii)　新規取引・既存取引はそれぞれ口座取引か融資取引か
　(iii)　(i)が既存取引のとき暴排条項導入前契約か暴排条項導入後契約か
　(iv)　自社DD上、対象先はブラック反社かグレー反社か
　(v)　反社会的勢力該当性についての警察の裏付けの有無（「該当あり」か「該当なし」か）

これらの意識にもかかわらず、メガバンクに関するマスコミからの問い合わせの際に、私は(i)については既存取引であること、(ii)については融資取引であることを認識しましたが、肝心の、暴排条項導入後の取引かどうかといった(iii)の視点や、ブラック反社かグレー反社かという(iv)の視点、さらに、警察の裏付けの有無といった(v)の視点についてはすっかり吹っ飛んでいました。大多数のマスコミと同様に、私もメガバンクのケースについて、ブラック反社でかつ警察への属性照会においても「該当あり」という前提でこの事件を当初見てしまっていたわけです。

　後知恵ではありますが、今後、私は、同様のケースについてマスコミに問わ

れたら、「行政処分は『多数の反社会的勢力との取引』と書いてあるわけですから、その取引がどの程度の問題をはらむかは、『多数の取引』のうち暴排条項導入前融資がどのくらいの割合を示すのか、『反社会的勢力』の中味について、当該金融機関の認識として暴力団員（ブラック反社）という認識なのか、それ以外の属性の者（グレー反社）という認識なのか、かつ警察の属性照会にてどのような回答を得ているのか、このようなことをきちんと取材したうえでないと公正な評価はできないと思いますよ」と答えることになると思います。

# 3 口座取引解消の実際

　口座取引の解消については質問が集中するところですが、中でも特に多く質問が寄せられる以下の4点について、検討することとします。

・強制解約か合意解約か（含む暴排条項の遡及適用）
・生活口座の取扱い
・家族の口座の取扱い
・解消の順番（動いている口座からか、大物の口座からか）

## 1　強制解約か合意解約か

### (1)　暴排条項の遡及適用

　暴排条項の遡及適用については、様々な意見があり、両論あるところです。実際に私も多くの金融機関と接する中で当該金融機関の顧問弁護士の見解を教示してもらう機会が少なくありません。両論に分かれる源は、暴排条項の遡及適用の可否ということになります。なお、暴排条項の遡及適用はできないという見解の金融機関の顧問弁護士も少なくないですが、「遡及適用はできないから条項導入前の契約には手を付けられない」という見解には賛同できません。条項導入前契約でも合意解約交渉はできますし、反社会的勢力との取引が存在することが「良いか悪いか」と問われれば「悪い」のは明らかですから解消努力はすべきです。

　また、遡及適用可と考える立場は、「約款・規定変更時は新約款・規定による」といった定めがある場合には遡及適用可という考え方のほか、遡及適用に関して周知性・公知性があれば遡及適用可という考え方があるようです。

61

第2章　金融機関の対応～担当者から寄せられる質問を中心に～

　私は、「既存の契約についても暴力団排除条項を導入すれば反社会的勢力との関係遮断にとってより効果的と言えるが、相手方の同意がない限り既存契約へ導入することはできないことは民法上の原則である。また、約款理論によっても、このような不利益変更を一方的に行うことを根拠付けるにはなお問題が残ると思われる」（嶋田幸司「反社会的勢力による被害の防止にかかる監督指針の改正」金融法務事情1835号21頁）という論考に触れ、この記述は正当と考えたので遡及適用不可と考えています。この論考は理論的な問題を指摘していますが、私は理論的な問題もさることながら、トラブルの極小化という観点も考慮し、合意解約方式に辿り着きました。

　他方で、強制解約でも事故やトラブルは起きていないという事実は重要です。経営判断としては、そのような事実を十分斟酌したうえで強制解約という選択は採り得るものと考えています。強制解約方式が法令違反・契約違反の方式であれば採り得ませんが、あくまで法解釈の問題と捉える余地もあります。そこは議論のあるところですから経営において決断しようという判断はあり得るところだと思います。ただし、それは経営者の視点であって、私自身は法解釈として腹に落ちないものを「事故やトラブルはないから」という理由で提唱すべき立場ではないと考えています。弁護士は、あくまで経営判断の前提となる正確な情報を提供する立場と考えているからです。

　なお、この点について、パブコメ回答No54の「預金約款への暴力団排除条項の導入については、多くの金融機関が既存預金取引にも適用されることをホームページ等で公表しており、実務上の対応としても定着していると思われる。このような対応で、既存預金取引者に対して暴排条項を適用することが否定されることはないと理解してよいか」というコメントに対して、金融庁は、「ご指摘のような実務上の対応を否定するものではありませんが、その有効性について一般的に示すことは本パブリックコメントの範囲を超えていると考えますので、回答を差し控えさせていただきます」と回答しています。この回答をもって、文字通り既存契約への暴排条項の適用は否定されないと読むことも可能ですが、有効性について何らかのお墨付きが与えられたものでもありません。本来、この問題の最終決着は司法の領域において下される性質のものと解されますが、司法はあくまで受動的な機関です。現状においては、各金融機関

が自己責任のもと、顧問弁護士と十分に協議して決すべきことになると思われます。

### (2) 合意解約の有用性

　合意解約を数年間にわたり複数の金融機関の担当弁護士として行って感じるのは、この方式は理論的な問題もさることながら、実務的に非常に有用な方式であるということです。まずはその有用性を列挙します。

① 金融機関の意向たる「可及的にトラブルを抑止したい」というニーズにマッチする。
② ①に関連して、合意解約方式によれば解消先の受け止め方がわかる。
③ できることなら解約書類を差し入れてもらい解約代わり金を即時手交したいという金融機関のニーズにマッチする（金融機関は顧客の署名押印入りの書面をできることなら入手しておきたいと考える傾向が顕著にあります）。
④ 署名押印のある解約書類を取得すれば訴訟となる可能性がほとんどなくなる。
⑤ 地域金融機関の矜持として、従前の顧客に手紙一通で取引を終了することをよしとしない考え方とマッチする。

　合意解約のデメリットとしては、強制解約に比べると、一件一件丁寧に潰していくことになるので時間がかかるという点が指摘されます。しかし、強制解約で一挙に取引解消しても後に訴訟提起となれば、それに対応する時間を考えると、合意解約と強制解約のいずれが時間コストにおいて優れているかは即断できません。
　反社会的勢力との関係遮断が社会的責任であることは多くの金融機関が認識するところですが、先に述べたとおり役職員の身の安全確保も非常に重要な要請です。もちろん、多くの金融機関は「身の安全」を口実に関係遮断を先延ばしにしようなどとは考えていません。安全な選択肢を選べるならそちらを選択したいというだけのことです。

第2章　金融機関の対応〜担当者から寄せられる質問を中心に〜

　合意解約は相手との交渉が原則となりますので、解約についての相手の受け止め方が明確にわかります。強制解約方式は、通知を送ったら送りっぱなしですから、相手がどのような受け止め方をしているか全くわかりません。著名な大物幹部に強制解約通知を送った後に相手の受け止め方が気にならない金融機関など存在しません。この点、合意解約方式であれば、どの解消先が怒っているのか怒っていないのかが明確にわかります。そればかりか、相手が怒っているときは、きちんと説明して怒りを鎮めることもできます。現に私はいくつもの怒りを鎮めてきました。これは金融機関にとって小さくないメリットです。特に著名な大物幹部が「解約には応じるよ」と応対した事実は、金融機関の心理的負荷をかなり低下させることになります。
　余談ながら、そのような大物と直接折衝するとき、私は、猛烈な心理的負荷を感じます。したがって、「解約には応じるよ」と大物幹部が言ったとき、私は心底ホッとします。それがゆえに「解約には応じるよ」という大物幹部の返事を金融機関に伝えたとき、どれだけ金融機関の肩の荷が降りるかを非常にリアルに理解できます。なにしろ出状した以降の郵便物の状況がネット検索できる時代です。相手方に郵便物がいつ届いたかが簡単にわかるのです。「大物幹部への郵便物到達」が判明したときの「遂に交渉開始のゴングが鳴ったか（電話をかけないといかんなあ）」という感覚は何とも言えないものです。
　合意解約であれば解約書類は得られるし（これでまず後でひっくり返されることはない）、解約代わり金を手交できるし、手交できない場合も現金書留で送付することによって解決できます。
　また、地域密着型金融機関に特有の考え方とも思われますが、顧客の顔が見える業務を強みとしているため、そのような顧客に対して紙切れ一枚で「さようなら」という方式への抵抗感は拭いがたいものがあるようです。合意解約方式によっては取引解消実績がほとんど見込めないということであれば、そのような想いに拘泥しても詮無いことですが、合意解約方式でも結果は出せますので、その想いは尊重するに値するものだと思います。
　たしかに強制解約方式には、その方式の問題が顕在化しなければ、相手と接触することなく、金融機関の決めたスケジュールで解消を進められるというメリットがあります。しかし、相手と接触しないということは相手の受け止め方

もわからないし、解約書類も手に入らないということになります。引き落とし口座を強引にクローズしたときの解消先のストレスももちろんわかりません。これらのことがわかることのメリットとの見合いで、いずれを選択するかということになるかと思います。

私は、複数の弁護士から「合意解約は、森原の属人的な交渉力によるところが多い」と言われたことがあります。本当にそうでしょうか。私より頭も口も回る弁護士はいくらでもいます。反社会的勢力をきちんと排除しようという想いも、私と変わらないかそれ以上の弁護士はたくさんいます。その想いは多くの金融機関担当者の想いとさほど変わらないと感じています。「できない」とか「無理だ」と言う前に、まずは解消先ときちんと向き合って話してみることから始めてみてはどうでしょうか。

### (3) 合意解約の実際

3年ほど前に私がおっかなびっくり合意解約方式で合意解約を招致する文書を発信し始めた頃は、相手の出方が全くわかりませんでした。しかし、強制解約方式と異なり合意解約方式では相手方からの電話があったり、電話がなければこちらからかけることになるので、相手とのやりとり等を通じて自ずと相手の出方がわかるようになりました。相手の出方のパターンは大別すると、以下の5つです。

① 解約には応じるよ。どうすればいいんだ。
② 解約には応じるよ。ただ、引き落としがあるんだけど少し待ってくれないか。
③ 「納得いかないよ。一体なんなんだよ」と色々言うが、最後は解約には応じるよ。
④ 通知書は届くが全く連絡がとれない。
⑤ あらゆる関係先に送っても通知書が届かない。

要するに、相手と話ができれば合意解約することができるということです。以下、話ができるケースの①から③について述べていきます。

第2章　金融機関の対応〜担当者から寄せられる質問を中心に〜

　①と②は「解約に応じる」と言っているわけですから、相手は全く怒っていません。強制解約方式は通知を送りっぱなしになりますから、相手がどのような受け止め方をしているか全くわかりません。合意解約方式ではどの解消先との摩擦がゼロ（怒っていない）という重要な事実が明確にわかります。これは金融機関にとって小さくないメリットです。先にも述べましたが、特に組織に影響力のある大物が「解約には応じるよ」と応対した事実は金融機関の心理的負荷をかなり低下させることになります。

　②の引き落としの話は重要なポイントです。ここでどのような対応をするかで、相手の心をつかめるかどうかが決まります。私は、引き落とし先の変更時の連絡先・担当部署・支払いの代替手段等をあらかじめ調べて一覧表を作成して「こちらでできることは事前にすべてやっておきました」と説明するようにしています。例えば、ケーブルテレビの支払に関する連絡先電話番号や、あらかじめ私が調べた口座引き落とし以外の支払方法はかくかくしかじか、といったことを伝えます。色々な不便を甘受してもらうわけですから、「あんたが自分で調べて全部やれ」とするより「できるだけのことをやったから、あなたも頑張ってくださいよ」のほうが話が通じやすいのは当然のことだからです。このようなやりとりを通じて、「この金融機関は嫌なことを言ってきたけど、心ある対応をしてくれるな」と感じてもらえれば、「じゃあ、さっさと手続やるか」につながるわけです。

　私は、相手の手続に必要な期間として最長2か月程度の期間、待つことが多いです。2か月後であれ、金融機関としては円満にクローズできたという事実を知ることができます。これも合意解約のメリットの一つです。強制解約の場合、あらかじめ口座終了の時期を記してしまうので、引き落とし対応の時間が間に合わなかったときに軋轢が生じることもあります。それを懸念して引き落とし対応に十分な期間として半年間の猶予を付与することもあると聞きましたが、直接話せば2か月以内で終えられるものを半年待つ必要はないのではないかと思います。金融機関としては解約書類を最終的に握ることができるのであれば、2か月待つことなど全く問題ありません。万一、相手方が実際に支払方法の変更に着手したものの2か月では足りないというときにも柔軟に対応できます。例えば、「5つの引き落とし先の4つは2か月以内に支払方法の変更を

完了したものの、1つだけ来月まで待ってくれないか」といった申し出も実際にあります。5つの引き落としのうち4つを変更しているわけですから、取引解消に向けた真摯な取組みを相手方は実際に行っているわけです。このようなときに、残り1つの支払方法変更のために1か月猶予することは何の問題もないし、変更に必要な期間を個別事案ごとに協議してキメ細かく対応するプロセスの中で、解消先の心に響くものがあれば儲けものです。できるなら跡を濁さず終えるということは万事において価値あることと言えましょう。

　③は相手が怒っているか、少なくとも不満は持っている状態です。しかし、合意解約であれば合意交渉の中でその不満を緩和することもできます（相手の心に響けばの話ですが）。

　口座解約によって生活が不便になるのですから、反社会的勢力であろうが一般人であろうが、頭に来るのは同じです。重要なのは、「なぜ自分たちはこういう不便な状況を押し付けられなければならないか」についての理解です。ここで「それは、あなたは反社会的勢力だからだ」という説明は正しいですが、それでは解消先の理解を得ることはできません。

　すべての交渉の基本ですが、相手の置かれた立場についての共感は不可欠です。私は、「今の状況が20年で徐々に形成されたのならまだ納得感もあるでしょうが、5年も経たない間に急激に変わったので、さぞや驚き、納得できないという気持ちでいっぱいでしょうね。私があなたの立場なら同じように感じると思います」と伝えることとしています。

　そのうえで厳しい現実を突きつけることとなります。「口座も作れない。融資も受けられない。マンションはおろか駐車場を借りるのもとても大変で、新車購入も難しい。ゴルフだって国内はほぼ出入り禁止ですよね。まさかの芸能人も引退しましたし」という冷徹な事実を列挙します。

　ここで頭のいい反社会的勢力は、何となく理解することになります。「口座1個でガタガタ言っても、とてもじゃないけど無理な世の中となってしまった」ということを。

　さらに私は続けます。「暴排条例とか暴排条項とかいろいろあるけど、社会がそれを行き過ぎだと判断すれば、ここまで浸透しないと思いませんか。結局、今の社会の流れは国民の意識とマッチしていたということではないでしょう

か」

　最終的に、自分たちが置かれた状況が社会の要請の行き着く果てというところを理解すれば、反社会的勢力もこれ以上抗っても仕方がないことを理解することになります。

　私は、「空気（状況）を読む」能力について、彼らは長じていると感じることが少なくありません。このようなことを書くと、すぐ反社会的勢力を礼賛しているといった話になってしまうので困ってしまうのですが、後に記すように、私は彼らを「最低の連中」と考えているので、礼賛するつもりなどさらさらありません。しかし、これまで三桁の反社会的勢力と交渉してきて率直に感じるのは、彼らの状況を読む能力はかなり高く、まともに話が通じる人が多いということです。それは、置かれた状況を理解して何をすべきかといったことについての判断力があるという証だと思います。

　また交渉に際しての礼儀や礼節についても、きちんとした人は少なくありません。一度、言葉遣いが本当に丁寧だなあと感心したことがあり、率直にその人に「私は、合意解約をお願いしているので、必然的に直接お話をさせていただくことになるので、相当数の方々とお話させていただいておりますが、他の多くの方もそうですが、○○さん（相手方です）の話し方は、私が普段仕事で接している人の中でも最高レベルだと感じてます」と伝えたところ「私たちも、こういう稼業に入ったときから礼儀から何からなにまでみっちり躾けられてます。そのあたりのことはいい加減なことはできませんから」と返ってきました。ヤクザといえば24時間粗暴な空気を撒き散らしていると思っている人がほとんどだと思いますが、実際は違います。

　私の経験では、反社会的勢力は、交渉の開始時点では怒りなり不満を表明してはいるものの、彼らは金融機関が自分たちと取引を継続できる状況にないこと自体は概ね理解しながらも、あまりに急激に金融暴排が進行したことについて愚痴の一つも言っておきたいという感覚のようです。したがって、文句は言いつつも、最終的には解約に応じるということになります。

## (4) 通知書は配達されたものの相手と連絡がとれない場合

　通知書が届いたのに、相手からの連絡がないこともあります。そのときは、

明示的な合意を取り付けることはできないので、黙示的な同意を得るようにしています。具体的には、第1弾の合意解約招致レター（153頁参照）に続く第2弾レター（156頁参照）として、「○年○月○日付通知書で合意解約をお願いしておりますが、本日まで特段の連絡をいただいておりません。当方といたしましては、解約について特段の異議がないものと思料しておりますが、万一異議があれば本書到達後1週間以内にその旨お知らせください。当職よりきちんと説明させていただきます。期間内に連絡なき場合は、解約について黙示的に同意いただいたものとして期間経過後直ちに解約手続を行わせていただきます」といった内容の通知書を出します。第2弾レターは、黙示の同意取り付けレターとなります。第2弾レター到達後1週間経過したときに解約手続を行うとともに、同日の利息計算を行い利息を付した解約代わり金を現金書留で送付して解約完了となります。

　この手法を採用することができると考えたのは、第1弾の合意解約招致レターの到達後、連絡がとれた者のうち多くの者の反応が「解約でしょ。いいよ、いいよ。そっちで勝手に進めてよ」というものだったからです。ここでいう連絡がとれた者というのは、第1弾レターの到達後即座に連絡がとれた者もいれば、第1弾レター到達後、繰り返し携帯電話に連絡を試み、ようやく連絡がとれた者もいます。いずれにせよ、最多の反応は「どうぞご勝手に」というものでした。このように、第1弾レターを受領した反社会的勢力の多くは「口座解約なんか、もうどうでもいい」と考えていることがわかったのです（このようなことがわかるのも合意解約方式の副次的なメリットといえるかもしれません）。連絡がとれない者の中には、もちろん納得がいかないからノーレスポンスを決め込んでいる者もいるでしょうが、「解約で構わないが、弁護士と話をするのは面倒だから無視」という者も相当数存在するというのが私の感触です。私から無視を決め込んでいる相手にしつこく電話して、ようやく通じたときに開口一番「解約の件でしょ。そっちで進めておいて」という反応が少なくないのです。このように、相手からレスポンスがない理由は、「どうぞご勝手に」と受け止めている者が大勢だということがわかったので、その「どうぞご勝手に」というこちらの推察が間違いないかを確認するために第2弾レターを出して「黙示の同意」をとることにしたのです。

こちらの推察は当たっていたようで「黙示の同意」の確認通知に異議が出たことは1件もありません。第2弾レターを相手が受領した1週間経過後の翌日に計算書と解約代わり金を現金書留で発送します。現金書留は、ほぼ100％受領されるので、仮に黙示の同意が脆弱な構成であるとしても、解約代わり金を受領してしまえば、その後に相手が「納得していない」ということは相当困難になります。

　この方式に類似したものとして、強制解約通知を発しつつ、通知文中に「異議があれば申し出てください」という一文を入れておく方式があります。黙示の同意方式とほとんど変わらないようにも思えますが、強制解約という解約の効果を生じさせた後で実際に異議が出たらどうなるのかという問題があると思います。おそらく「申し訳ない。解約済みです」と説明するほかないと思いますが、そうなると相手からは「じゃあ、この異議を言っていいと書いてある意味は何なんだよ」という反応が返ってくるのではないでしょうか。解約してしまった口座（いわば死んでしまった口座）を異議が出たからといって元に戻すのは利息計算も含め大変な作業になると思います。それを回避すべく解約の効果発生日を数か月先に設定するということもあるようですが、その間に口座に動きがあれば、期間内に異議が出ないとしても、口座の動き自体が異議ありという意思の反映ではないかとも考えられるので、やはりトラブルの火種は残りそうです。また、異議が出たら強制解約を取り止めるのでしょうか。仮に取り止めるというのであれば、何も大上段に強制解約を振りかざす必要はないように思います。

　合意解約方式は、黙示の同意がとれるまでは口座は生きているということと、第1弾の合意解約招致通知が届いて1週間後に第2弾の黙示の同意の確認通知を出状し、それを相手が受領後1週間で決着がつくので、解約に要する期間も郵便が到達するまでのタイムラグを算入しても20日程度でケリがつくということになります。

## (5)　郵便が届かない場合

　郵便が届かない場合は、みなし送達規定で処理する方式も多いようですが、私は住民票を追跡する等して通知書が届くように努めます。合意解約方式は、

原則として通知書が届かないと交渉が始められないということもありますが、一番避けたいのは、相手が知らないうちに口座やカードが使えないといった事態を招来することです。何も知らないで、営業店に行ってＡＴＭにカードを入れたらはじかれたということになれば、テラーに「俺、聞いてないよ」となることは目に見えています。そのようなことはできるだけ阻止すべきことと思います。営業店の職員の負担もありますが、なによりも周囲のお客様の迷惑になるからです。

しかし、転居先を追跡しきれないこともあります。そのようなときは、みなし送達扱いとします。私が合意解約方式を採用するのは、理論的な問題もさることながら、最大の理由は解消先の相手の反応がわかること（強制解約方式だと怒っているのかどうかがわからない）とトラブルや訴訟を含めたリスクの極小化を求めてのことです。そうなると、みなし送達を実施するような先は口座の存在そのものを忘れてしまっている場合がほとんどですから、みなし送達を実施するケースは強制解約でもよいのではないかと考えています。トラブル発生がほとんど予見できないケースについてまで理論を貫徹せよと言うつもりはありません。

もっとも、私がサポートしているすべての金融機関はみなし送達を実施するケースでも、黙示の同意も含めて何らかの同意を希望されるので、私は次のように取り扱っています。まず第１弾の合意解約相致通知を出します。発送の翌々日にはみなし送達で相手に到達したことになります。当然のことながら相手からは何のリアクションもありません。

そのうえで第２弾の黙示の同意の確認通知を発送します。これもみなし送達です。そうするとみなし送達自体がフィクションですから、「擬制に擬制を重ねることになるのでどうなんだ」という議論は当然のことながらありました。各金融機関にて議論を重ねた結果、一つひとつは規定に則った方式であり、意思表示は相手に到達したという扱いになるので問題はないという結論になりました。走りながら考えることを余儀なくされる課題ゆえ、種々議論はあるかと思いますが、当面私はこの方式を採用して進めています。

## 2　生活口座の取扱い

　生活口座の定義自体ありませんが、私は、疑わしい取引が認められない口座がそれに相当すると考えています。疑わしい取引が認められない口座は、裏を返せば日常生活に必要な各種引き落としの資金移動がほとんどの口座です。

　そもそも生活口座が暴力団組織の活動を助長する取引となるのかという疑問もあります。これに対しては「今は生活口座で助長性がなくとも将来どうなるかわからない」という意見もあります。

　私は、「保険料と光熱費の引き落とし以外には使いません。それ以外の口座利用を当行にて認めたときは解約されても異議を述べません」といった念書を徴求しておけば、先の懸念はヘッジできるのではないかと考えていますが、生活口座は解消しなくてよいといった公式のリリースもないので、当面、生活口座も解約対象としています。

　いずれにせよ「生活口座についても即刻解消しなければならない」という大義を感じられないので、とりわけ強制解約方式を採用している金融機関は生活口座の解消に躊躇を感じるのだと思います。犯罪利用の形跡もなく、口座名義人も生活に必要な範囲で利用している口座について、強制解約通知が届けば口座名義人が「納得いかん」と反応することが容易に想定できるだけに、先の躊躇は理由のある躊躇です。その意味で、生活口座だけでも合意解約方式を採用するということも一つの方法かもしれません。合意解約方式は相手の受け止め方がわかる点で漠然とした不安にさいなまれる必要がなくなります。

　生活口座については、例外的に許容されるものもあります。子供の学校関係の費用について学校指定がなされているような場合です。子供は親を選べるわけではないから真っ当な例外だと思います。しかし、このような口座まで強制解約した金融機関もあるようで、私は暴力団員から「うちの子供だけ封筒にお金入れて学校持って行ってるよ」と聞いたことがあります。キメの粗い対応だと思います。私がその子供なら心が折れるかもしれません。もし「反社会的勢力排除」という正しい課題を達成するためなら多少のことは目をつぶるという感覚でこのようなことが行われているとすれば、空恐ろしいことだと思います。近江商人の「三方良し」では「売り手良し・買い手良し・世間良し」といいま

すが、少子高齢化の日本社会では「四方良し」の時代です。先の三方に加えて「未来良し」が入るべきです。未来を託す子供たちへの想いを致すことができない企業は、どこかで歪みが出るのではないでしょうか（「四方良し」は㈱KAZコンサルティングの代表鈴木和男氏が提唱している）。企業は人間と異なり命という限界がなく、ゴーイングコンサーンを前提にその活動を営んでいるわけですから、50年先、100年先を見据えた行動選択を行う責任があるのです。先の例でも「学校関係費用以外の口座利用があれば解約する。子供が卒業したら解約する」という念書対応で目的は十分達成できるはずです。

年金口座にも同種の問題があります。代替手段が皆無ではないにせよ、組織の活動の助長性という点で今後年金口座の解約については慎重に検討すべきだと思います。私の経験では、相手方が合意解約に応じたので口座解消に至りましたが、実際に先天性の障害を持ち手足が外形的にも明らかに捻れている障害者年金受給者の口座を解消したときは、ペンを持つことすら困難な相手が時間をかけて署名している姿を見て、心に大きな疑問が湧いたケースがありました。

正面から「生活口座はＯＫ」としてしまうのは弊害も生じるでしょうから、生活口座も原則アウトというスタンスそれ自体はよいかと思いますが、ケースごとに念書対応なども考えていくべき時期にきていると思います。

前出の平成26年6月19日全銀協会長会見要旨では、「どういう類型の属性の顧客に対して、どういう種類の取引を排除しないといけないのか、例えば生活口座を排除すべきかどうかという問題である。そこを金融機関としてよく考えていく必要があるということが、私の課題認識の一つである」との言及がなされています。

## 3　家族名義の口座について

家族については、ストレートに反社会的勢力とするには抵抗を感じるものの、ホワイト先（スタンダードな取引を行い特に留意を要しない先）でもないから、とりあえずグレー先に位置付けている金融機関がほとんどです。

私は、ことに地域密着型金融機関においては家族名義の口座こそ地域密着型金融機関の強みを見せる場面だと思います。それは家族の実態を地域情報とし

てある程度つかめるからです。

　まずは家族名義口座に関する私の考え方のアウトラインを示します。

　私は、暴力団員の妻は原則アウトになると思いますが、それとて新規取引の謝絶の場面に限られます。既存取引については、妻名義の口座が組の活動の資金移動に使われているといった事実があれば「共生者」としてブラック反社に格上げして解約できますが、それ以外のケースはそのような資金移動が発生しないかについてのモニタリングに徹するということになると思います。内縁の妻も同様です。

　離婚した前妻の口座については、離婚した妻と元夫たる組員との関係如何です。離婚はしたものの組織とつながっているのか、毎日勤めに出て子供を養っているのかで対応は異なってきます。前者であれば先の「妻」と同様で、後者であれば新規取引も可能な場合があると思います。

　子供については、「生計を一にする」ということで一律アウトとする立場もありますが、学校の奨学金受給口座まで開設謝絶するのはどうでしょうか。一方、「生計を一」にしない子供の場合でも親が支配する会社の役員に名を連ねていればアウトでよいでしょう。

　こうしたキメ細かい対応は管理が大変だから、かすったらすべてアウトという考え方もあり得るところです。他方で、先に述べた地域密着型金融機関の強みをこういう場面だから活かそうとする金融機関もあります。コンプライアンスで求められる「社会の要請に適合した行動選択」とは何なのかを真剣に議論すべき局面であると思います。

　家族名義口座に関連して、ブラック反社とグレー反社の区分の意義について説明しておきます。図示すると以下のようになります。

**【図表3】ブラック反社とグレー反社の対応基本構造**

|  | 新規取引 | 既存取引 |
| --- | --- | --- |
| ブラック反社 | 謝絶（X） | 解消（X） |
| グレー反社 | 原則謝絶（X一部△） | モニタリング（△） |

ブラック反社は新規取引は謝絶（×）、既存取引は可及的速やかに解消（×）となります。

グレー反社は新規取引は原則謝絶（×一部△）となります。契約自由の原則に基づく「総合判断による謝絶」の領域です。一部△としたのは、カテゴリーとしてはグレー反社に登録せざるを得ないが（例えば暴力団員の家族）、キメ細かな対応の結果、一律謝絶としない場合もあるからです。既存取引はモニタリングとなります。直ちに解消はできないという意味で△となります。暴排条項は属性をベースにしているので、属性立証に不安があるグレー反社の取引解消を実行するのはハイリスクです。もっとも、最近は、警察の情報提供が正確性確保の観点から非常に慎重な傾向にあるので、警察の情報提供にて「該当なし」となった者の取引をいきなり解消するといったことは考えにくく、ハイリスクな場面が顕在化する場面は少なくなったといえます。

## 4　解約の順番～動きのある口座からか、大物口座からか～

解約の順番はリスクベースで決めるべきことです。したがって、大きな金額の出入りしている口座が対象となります。ちなみに、強制解約方式を採用している金融機関が生活口座とならんで躊躇している先が、この多額の金員の動きのある口座です。いきなり口座を閉めたらトラブルになることを懸念してのことでしょう。その懸念はおそらく正しいので、最終的には強制解約することを伝家の宝刀として携え、合意解約からスタートすればよいのではないでしょうか。

なお、動きのない口座が突如動き出すといったことが最近増えてきました。口座解約が進行したため引き出しの奥の口座が"お宝口座"として復活しているようです。その意味で、動きのない口座のリスクも高まっているといえるので、後回しにすることなく、どんどん解約を進めるべきです。

口座取引解消の着手を大物から始めるのかそれ以外の者からかについては、私は大物から着手するようにしています。

金融機関にとって、大物の口座は肩にずしりと乗った重石ですから、まずはそちらから除去しようという考え方です。いずれ取り組まなければならないの

ですから後回しにしてもよいことはありません。なによりも解消による成功体験が金融機関の役職員の「やればできるんだ」という自信につながります。

また、「最後の1口座」が増えているので、抵抗の度合いも依然より増しています。平成25年頃までは、口座解約もさほど進行しておらず、一人で複数の口座を持っている者が相当数いたため、「おたくの口座を解約しても、まだ○○銀行の口座があるから解約してもいいよ」などと比較的容易に合意解約に応じていたのに、最近は「最後の1口座だから勘弁してくれ」といった話が増えてきました。年々、カードの残り枚数が少なくなっているトランプのババ抜きのような様相を呈しています。「最後の1口座」となった段階で交渉するのではなく、より早い段階で解消すべきです。

---

Column 5
**解約代わり金の支払には時間をかける**

　私は、解約代わり金の支払はなるべくゆっくり進めるように担当者にお願いしています。

　実際、反社会的勢力は通帳を失くしたり印鑑がわからなくなったりしていることが多く、様々な喪失届も書くことになるケースが多いので、時間がかかることが多いのですが、そのうえでさらにゆっくりめに対応するようお願いしています。返金処理のため担当者が席を外している時間は私にとって非常に貴重な時間だからです。

　応接室や会議室に私と暴力団員だけ残されるのです。その際「それにしても皆さん大変な時代になりましたねえ。ゴルフなんかどうするんですか」などと水を向けると、苦境についていくらでも話してくれます。そこからは今後の交渉のヒントが山のように得られます。交渉のポイントは相手の状況をよく知ることから始まります。そのために暴力団が置かれた状況を知ることはプラスにこそなれ、決してマイナスにはなりません。また、非常にレアな情報を得ることもあります。

　その情報を上手に別の交渉のときに織り込むと「この弁護士はこんなことまで知ってるのか。手強いな」という印象を相手に与えることもできます。もちろん「事情通」のような雰囲気を出してはいけません。あくまで弁護士としての手堅さを基礎におかなければ変な馴れ合いも生じかねません。

# 4 融資取引解消の実際

　融資取引は、リスクベースで考えると当座取引とならんで解消の要請の度合いが高い取引です。しかし、圧倒的に数の多い普通預金口座取引の解消に追われて後手後手に回るきらいがありましたが、メガバンク行政処分事件を契機に火がつきました。

　新規融資の問題もありますが、金融機関の方々の質問は既存融資に関するものが圧倒的多数ですので、既存融資に関する諸問題について検討することとします。

　ご相談・質問の形態は若干異なるにせよ、多くの金融機関が疑問に感じているのは集約すると「債権回収の極大化か反社会的勢力との早期関係遮断か」と「約定弁済継続の可否」の2点です。

　加えて実務的な質問としては、直接の融資先が反社会的勢力ではないもののその融資金が行きつく先が反社会的勢力である場面の問題があります。

## 1　債権回収の極大化か反社会的勢力との早期関係遮断か

　平成26年2月25日に改正監督指針のパブリックコメント受付が開始された翌日の朝刊に次のような内容の記述がありました。

　「取引解消について、実際は取引を止めるのが難しい場合も少なくない。延滞せずに返済している契約を取り消せば、回収できたはずの銀行の利益が失われてしまう」

　この日は、午前と午後にそれぞれ金融機関との打ち合わせが事務所内でありましたが、2つの金融機関ともにこの記事について違和感を感じておりました。

　天秤を想起してください。右の天秤に「反社会的勢力向けの融資から得られる利ザヤ」を乗せ、左の天秤に「反社会的勢力向け融資の早期解消」を乗せた

とき、この両天秤は比較の対象にすらなりません。左の天秤の価値の方が比較するまでもなく重いと考える金融機関がほとんどではないでしょうか。その存在が良いか悪いかの二択を迫られたら「悪い」に決まっている反社会的勢力向け融資を温存して利息で稼ごうなどということを考える金融機関があるとは到底考えられません。金融機関としての矜持として「あり得ない」と考える立場もあれば、「少しでも稼ぎたいが」という欲はもちつつも、反社会的勢力向け融資を温存することそれ自体のリスクとの見合いで取引解消を選択する立場もあるでしょうが、いずれにせよ結論としては「取引解消」を選択するものと思われます。

後述の約定弁済の可否の項で詳論しますが、「約定弁済≒利ザヤ稼ぎ」という見方は実態に即しません。利ザヤどころか元本を割ること、すなわち反社会的勢力に事実上の利益が残ることを金融機関は避けたいと考えています。だから、先の新聞報道に違和感を覚えるのです。

「結局は元本確保じゃないか」という指摘もあるでしょうが、「元本を確保する」という金融機関の利益と「元本を割ること」すなわち反社会的勢力を利することは表裏一体の関係にあるので、いずれかの側面から指をさして「金融機関の利益重視」だとか、「反社会的勢力に利益を残したくないだけだ」とやり合ってもしょうがありません。しかも、元本を確保することは、よくよく考えると金融機関の利益確保ではありません。出て行ったお金が戻ってくるだけのことです。金融機関の利益は利息を得ることによって初めて発生します。もちろん、回収できるなら利息も回収すべきですが、反社にいったん渡した利益を取り戻すこと、すなわち元本を回収することの重みと、利息収入を確保することの重みは次元の違うことです。金融機関の利息という収益はさておき、まずは元本を確保して反社に利益を残さないようにしたうえで（社会の利益）、早期に反社会的勢力との取引解消を図るという選択は十分に合理性をもつものではないでしょうか。

さて、「債権回収の極大化か反社会的勢力との早期関係遮断か」という本項目のテーマですが、机上の議論と実務の議論が全く噛み合っていないと思います。

机上の議論でいえば、反社会的勢力との早期関係遮断に軍配が上がるに決

まっているのです。そして早期の関係遮断のためには「期限の利益の喪失だ」となるのです。

　私がこのテーマについて愛知県弁護士会の小林和正弁護士と議論していたときに、小林弁護士が面白い指摘をしました。「早期回収と主張されている方々は『一括回収』と『一括請求』を混同されているのではないでしょうか」と。

　この指摘は「期限の利益を喪失して一括請求すること」と「期限の利益を喪失して一括請求の結果、一括回収を実現すること」は違うという指摘です。「一括請求」までは金融機関側のイニシアティブでできます。しかし、「一括請求」の次のステップである「一括回収」は相手のあることです。期限の利益を喪失することで、オートマチックに一括回収できるのなら迷うことなく「一括請求すべき」ということになります。しかしながら、これは机上の議論です。

　金融機関の現場の方々は、一括請求の次のステップの一括回収のことをリアルに考えています。私は、反社会的勢力向け融資の回収交渉も行っているので「無い袖は振れない」抗弁がどれほど強力なものかを知っています。私自身、バブル崩壊後の不良債権回収のど真ん中で仕事をしていたので、問題融資に関する競売を含むあらゆる債権回収案件を相当数処理していました。それなりに債権回収のノウハウはもっているつもりです。しかし、一括請求はともかく、一括回収は非常に困難であることは事実です。利息カットには応じても（厳密には利息カットにも簡単には応じず、長プラからどこまでカットできるかといった交渉が主流であった）、元本は極力割らないように努めました。元本を確保するためには、一括回収はとてもハードルの高い課題です。

　暴力団幹部が豪邸や豪華なマンションに住んでいるというのは幻想です。一部の人を除き普通の賃貸マンションに居住し、「動産執行しても何もないよ」と言います。自分から「動産執行」というくらいですから、貴金属等の価値ある動産は持っているのでしょう。それらはもちろん自宅外に隠しています。皮肉なことに、口座も解約してしまったので預金差押えもできません。仮に預金があっても融資金をカバーできる残高はありません。これ以上書くと資産隠しの材料を反社会的勢力に与えることになってしまうので、このあたりでやめておきます。

　理念から言えば、「反社会的勢力との早期関係遮断」となりますが、理念と

して正しい「一括請求」を行っても「一括回収」ができなければ、実は理念にもとることになるのです。

　小林弁護士は「一括請求＝一括回収」ではないことを喝破したわけです。「関係遮断」は、一括請求を行ったまではよいものの、不良債権となって反社会的勢力側に事実上利益が残ってしまったのでは実現できません。関係遮断は、形式的なものではなく実質的なものでなくてはなりません。実質的な関係遮断とは「反社会的勢力から利益を最後の１円まで回収し一切の利益を残さない」というところまで行って、初めて達成できるのではないでしょうか。

　私は、その意味で「債権回収の極大化」と「反社会的勢力との早期関係遮断」を対立構造で捉えるのは適切ではないと思います。「一括回収」できる相手の資産を把握しながら「一括請求」を行わないなどあり得ません。問題は、「一括回収」の見込みがないときでも、反社会的勢力に期限の利益を付与するのはよろしくないという、局所的に見れば正しい考え方に基づいて期限の利益を喪失して「一括請求」すべきか、ということです。「一括請求≒一括回収」であればそうすべきなのでしょう。いわば「早い・美味い」です。しかし実際は「一括請求≠一括回収」です。ドラマの半沢直樹のように、海外不動産を隠し資産として見つける努力は必要です。しかし、残念ながら見つからなかったときには一括請求より有効な債権回収の方法があるのです。

　それが約定弁済です。

## 2　約定弁済継続の可否

### (1)　債権回収の手法

　債権回収の極大化の手法が「約定弁済の継続」で、反社会的勢力との早期の関係遮断の手法が「期限の利益の喪失による一括請求」となり、いずれを優先すべきか、という議論が、実は「一括請求＝一括回収」ではないので議論として成り立たないことは先に述べたとおりです（もっとも、いくら不良債権化して事実上の利益が反社会的勢力に残ったとしても期限の利益を喪失して一括請求すべきという論者がいれば議論として成り立つ）。

約定弁済の継続は、一括請求して、かつ一括回収できるなら選択できません。

私は、メガバンクに対する行政処分が発令された平成25年9月27日金曜の翌々日の日曜の夜に、メガバンクへの行政処分を契機に金融機関に生じた懸念についてという内容の論考を書き上げました（「銀行法務21」765号に掲載）。複数の金融機関から「約定弁済の継続はどうなるんでしょう」という問い合わせがあったからです。

そこで、私は「延滞している先への債権回収を放置したら積極的放置となること」「約定弁済が滞っていないからといって漫然と約定弁済を受け続けるのは消極的放置」と評し、今後はこのいずれも許されない時代となったと述べました。

ただし、あらゆる債権回収の方法を検討したうえで、一括請求を行い、一括請求に相手が応じなくとも次善の策として繰上弁済を要求し、その他担保実行や保証履行等のあらゆる方策を検討しても万策尽きた場面では、約定弁済継続も戦略的放置として許容されるという論を展開しました。

ちなみに、私はあくまで約定弁済を先のような債権回収努力を尽くした最終形として許容しているのであって（戦略的放置）、約定弁済が滞っていないならそのままでいいじゃないか（消極的放置）という論を展開しているわけではありません。金融機関によっては私を無条件の約定弁済容認論者のように勘違いしていることがありますが、それは違います。

私は、口座取引同様、融資取引についても合意解約で進めているので、暴排条項導入前融資であってもどんどん交渉しています。残念ながら一括回収に成功したことはありませんが、繰上返済の合意は担当した全案件で取り付けていますので、実際は戦略的放置という対応をしたこともありません。しかし、真実、万策尽きたときに約定弁済継続という選択は残しておかないと、反社会的勢力を利することもあるので、約定弁済の継続はなお貴重な選択肢であると思います。

結局、この問題は、反社会的勢力との融資取引における関係遮断の本質をどこに求めるのかという問題ではないでしょうか。私は、融資したお金を反社会的勢力から剥がしきることが本質だと考えています。他方で、ともかく一刻も早く暴排条項を発動して期限の利益を喪失させることによって関係遮断に着手

することという考え方もあるでしょう。

　一括請求して一括回収を実現できる「早い・美味い」が実現できればいうことなしです。それができないときに「早い・不味い」（一括回収できるかどうかはさておき、ともかく一括請求する）を選択するのか、「遅い・美味い」（約定弁済継続で回収しきる）を選択するのかという問題です。反社会的勢力との融資取引における関係遮断の本質を、反社会的勢力に渡ったお金を剥がし切ることにあると考える私の立場からすれば、「早い・美味い」を実現できないときは、「遅い・美味い」を選択するということになります。

　したがって、この問題は、各金融機関において反社会的勢力との関係遮断の本質を、反社会的勢力に渡った利益を回収しきることと位置づけるのか、暴排条項に該当する取引があれば暴排条項を発動することと位置づけるかに帰着することになります。私は、暴排条項は反社会的勢力との関係を遮断するための道具の一つにすぎないと考えていますので、暴排条項に該当する取引があれば一括請求（期限の利益喪失）という立場には違和感を感じるところです。「暴排条項」という道具のほかにも「返済交渉」という道具もあるし、「返済交渉」という道具のほうが、反社会的勢力に渡った利益を回収しきるためのキメ細かな返済プランを立てることができるという点に着目すべきだと思います。もちろん、当初の条件より緩い返済プランはあり得ないので、約定返済の最終期限まで（例えば平成40年12月末日の場合）の平成30年とか35年を最終期限に繰り上げる「返済交渉」を行い、相手の資力に応じたゴールを再設定することができる可能性があるのです。さらに、仮に平成35年をゴールに設定したとしても、その後の状況如何では平成33年に短縮することもできるのです。このように、約定弁済をベースとした期間短縮は、金融機関側にとってもフレキシブルな対応が可能になるというメリットがあります。

(2)　なぜ繰上返済交渉を実現できるのか

　口座取引と融資取引の2種類の取引がある反社会的勢力と交渉すると特徴的なことがあります。口座取引のみの解消交渉と比べれば、融資取引が併存する相手との口座取引解消交渉は非常に簡単です。なぜなら、相手方の心配は融資取引に集中しているからです。

「口座（融資金の分割弁済の引き落としの口座以外の口座です）なんかどうでもいいよ。解約するならすればいいから融資はなんとかしてくれ」という反応になります。もう少し強気なパターンとしては「口座なんかどうでもいいよ。融資は無い袖はふれないからな」となります。

融資について「なんとかしてくれ」と懇願してくるタイプもあれば「無い袖はふれない」と居直るタイプもありますが、彼らに共通するのは、融資取引の前では口座取引など吹いて飛ぶような位置づけだということです。なぜなら、融資は住宅ローンであれば担保実行されたとき次に居住するところの契約ができないことを考えれば、橋の下しか行き場がなくなるようなものだからです。また、事業向け融資についても、裏稼業でのあがり（シノギ）が今後期待できないため、正業を大切にしようという方向にシフトしている事情があります。もちろん暴排条項導入前の延滞のない取引であれば交渉は行うべきですが、物の言い方には細心の注意を払ってください。

このように、融資取引について彼らは神経を尖らせていますので、金融機関側は手持ちの有効なカードを上手く切って、なんとか繰上返済に漕ぎ着ける努力を行ってください。私自身、これは非常に難易度の高い交渉と理解しておりますが、彼らの「ローンをなんとか守りたい」という想いを梃子に、真摯な交渉によって繰上返済に漕ぎ着けています。ここで、交渉のモデルの一つでも示すことができれば、もっと役に立つるとは思うのですが、一つひとつの交渉はすべて事情が異なりますし、私自身、その場その場で脳みそから血がにじむくらい考えながら同時に将棋の駒を一つひとつ詰めていくような交渉を行っていますので一般化することはできません。ちなみに交渉には金融機関の担当者が1名ないし2名同席しますが、交渉は100パーセント私が行うという場合がほとんどです。

もう一つの問題は、金融円滑化法に基づくリスケを行った融資契約の取扱いです。払える金額（多くの場合、驚くほど低額）でリスケしているわけですから事故は起きていない案件がほとんどですが、将来行き詰まることが目に見えている契約です。行き詰まらないにしても、あまりに残期間が長すぎて、現任の関与する管理職が全員退職してもまだ残ってしまうような契約すら少なからずあると思います。先の新聞報道ではありませんが、30年間ヤクザから利ザ

ヤをとれるから良い融資案件をもっている」などと考える金融機関はありません。ただし、自分が担当のときに触れたくないと考えている担当者はいるかもしれません。しかし、その考え方は間違っています。いわば金融機関にとって、金融円滑化法によるリスケ案件は負の遺産といっても過言ではありませんので、お困り案件という共通認識をもっている以上、再度の増額方向でのリスケ交渉を行うべきです。相手方から景気の良い返事は望めませんが、事業向け融資については現在の景気回復基調に即した「来年になれば」とか「オリンピック景気」といった将来展望が、本気なのか言い訳かわかりませんが、出てくることも最近は多いので、そこをきちんとおさえて半期に一度の業況報告と都度のリスケについて合意を取り付けておくことも今後の有効な布石となります。

口座取引は、金融機関側が動かなければ口座名義人が死亡するか時効にかからない限り継続する契約です。なお、時効にかかった反社会的勢力の口座取引の復活はアウトです。さすがに口座の復活は認めないとしても、残高について雑益としたものを雑損として戻すといった通常の顧客に対する扱いと同様の扱いを行う金融機関もあるようです。私は、そのような扱いは、実質新規取引とみなされるので行うべきではないと考えておりますが、金融機関の現場では通常の扱いを採用したいという意向が強いようです。

これに対し、融資取引は終点の決まっている取引です。約定弁済は、取引の終点に向けてひた走る途上です。それを可能な限り短縮する努力と、終点が金融円滑化法で遠くになってしまったケースについては終点を少しでも近づける努力が重要になります。それでも相手のある取引です。万策尽きたということをきちんと説明できるときは、約定弁済継続も取引の終点に向かう一つの形態としてあってしかるべきです。その際、約定弁済継続を選択することの客観的合理性を担保するための弁護士意見書や弁済状況の定期的な役員会への報告は当然必須となります。

なお、分割弁済については、パブコメ回答No75の「可能な限り回収を図るなど」との記載に関するコメントに対し、金融庁は、「融資金につき分割弁済をしているとの事実から一律に利益供与に該当すると考えられるわけではなく、また、一律に期限の利益を喪失させて融資金の回収を図ることを求めているものでもありません」と回答しています。

## 3　融資先はホワイト、その先がブラックというケース

　融資先はホワイトで、その融資金の使途がビルの購入といったケースで、そのビルオーナーが反社会的勢力であるという場合の取扱いですが、これは結論は見えています。実際、研修所などで受講者に問い合わせても100パーセント融資しないという結論になります。ホワイトを経由することでブラックに融資金が流れるという構図を知りつつ融資するというのは、社会の要請に明らかに反します。

　なお、パブコメ回答No83の「例えば、不動産購入資金として融資の申込があった場合、金融機関は、融資申込者が反社会的勢力の疑いがない先であることを確認することとなりますが、他方、金融機関の取引の相手方ではない不動産の売主（第三者）について、反社会的勢力の疑いがないかどうかを確認することまでは求められていない、という理解で差し支えないでしょうか」というコメントに対して、金融庁は、「ご指摘の場合において、金融機関の取引の相手方ではない第三者の反社会的勢力該当性まで金融機関において確認することを求めるものではありません」と回答していますが、これは、第三者についての確認義務がないことを述べたまでで、第三者がブラックであること金融機関が認知しているときに、直接の融資先への漫然とした融資を許容するものではないと思います。

　では、ビルオーナーもホワイトというときに、そのビルの入居者（賃借人）が反社会的勢力という場合はどうでしょうか。法的には、ビルの所有権が買主に移転し、代金が売主に渡ります。反社会的勢力がこの契約にどのような影響を受けるかというと、確立した民法理論に則り、買主に移転した所有権とセットで買主に賃貸人の地位が移転することになるので、賃料の支払い先が変わることになります。ただそれだけです。反社会的勢力には何のメリットもデメリットもありません。反社会的勢力を助長する要素は何もないのです。したがって、この取引は問題ありません。しかし、研修所で受講者に先の説明をする前に本事案の融資の可否を尋ねると100パーセント融資不可という結論になるのです。まるで反社会的勢力が絡むと即アウトという思考回路ができあがっているかのような対応です。

パブコメ回答に照らしてみると、融資先のその先（第三者）の確認義務すらないのであれば、第三者がホワイトで、ただその賃借人がブラックという場合のように、ブラックを助長する要素がない場合まで取引を自粛するのは行き過ぎではないでしょうか。

第4章の「今後の課題」でも触れますが、やってはならない取引は反社会的勢力の活動を助長する取引であり、社会が許容しない取引です。反社会的勢力がかすれば何でもかんでもダメといった発想でいると、政府指針や暴力団排除条例があるがために経済取引が萎縮してしまうことにもなりかねません。これら指針や条例の本来の目的は反社会的勢力を取引社会から排除して、真っ当なプレーヤーがフェアな競争の中で収益をあげ、経済を活性化させることではないでしょうか。過剰反応で本来可能な取引まで自粛するといった連鎖が続けば、暴排条例で国が衰退するといったことにもなりかねません。できること、できないことを「助長性の有無」という視点で考えていくことも必要になってくると思います。

# 第3章
# 実務に役立つ
# ロールプレイングシナリオ

　本章では、実際の事例をもとに反社会的勢力への対応を会話形式で掲載しています。反社会的勢力の話法や行動の意味を解説していますので、対応時にどのような点に気を付けなければならないかを理解してください。

1　解約通知に対する電話でのリアクション
　　（良い例）······88
2　解約通知に対する電話でのリアクション
　　（悪い例）······98
3　反社と対面して交渉する場合（良い例）······106
4　反社と対面して交渉する場合（悪い例）······120
5　暴力団を脱退してから5年を経過した通知
　　対象者への対応······135

# 1 解約通知に対する電話でのリアクション（良い例）

　既存口座の解約通知を受け取った反社会的勢力の相手方が、金融機関に電話をかけてきた。

《金融機関への電話》
反社：手紙届いたけど、少し教えてもらいたいんですわ。
支店：〇〇様、申し訳ありませんが、お手紙のことでしたらお手紙にも記載してありますとおり、弁護士に一任しておりますので、弁護士宛てにお願いいたします。
反社：俺は弁護士と取引してるんじゃないから。俺は誰と取引してるんだ？
支店：当行でございます。
反社：でしょ？　弁護士関係ないし。弁護士が入ればこじれるだけだよ。
支店：〇〇様、申し訳ありません。当行がお願いしている弁護士にて対応させていただきますので、弁護士宛てにお願いいたします。
反社：別に取って食うわけじゃないし。要は口座解約してくれってことだろ。いいよ。今の時代、口座一つ頑張ったところで通らないなんてことは俺もよくわかってるから。
支店：口座解約の件は、弁護士宛てにお願いします。
反社：少しだけわからないことがあるから教えてもらいたいだけなんだわ。そういうモノの言い方はねえだろうよ。
支店：申し訳ありませんが、お問合せにつきましてはお手紙に記してありますとおり弁護士宛てにお願いいたします。
反社：汚れ仕事は全部弁護士。お前ら汚ねえよ。都合の悪いことは全部弁護士。
支店：〇〇様、申し訳ありません。弁護士宛てにお願いいたします。

### 1　解約通知に対する電話でのリアクション（良い例）

> 反社：わーった。わーった。（切電）

解約通知に記載のとおり「弁護士へスイッチ」を一貫しています。

> 《弁護士への電話》
> 反社：支店があんたにかけろっていうからさ。
> 弁　：口座解約の件ですね。
> 反社：そうそう。今のご時世、口座一つ抗（あらが）ってもしょうがないから解約って話はわかりますよ。わかりますけどね、筋を教えてもらいたいんですよ。
> 弁　：どのようなことでしょうか？
> 反社：いやね、俺の仲間のところにもこういう手紙、最近はよく来るわけだよ。
> 弁　：はい。
> 反社：それで、皆が言っているのは、どうして少し前まで問題じゃなかったことが今はダメなのかってことなんだな。
> 弁　：皆様を取り巻く環境も、銀行を取り巻く環境も変わったということがありますね。
> 反社：暴排条項のこと言ってるの？　それとも条例？
> 弁　：暴排条項も暴排条例も関係ありますが、条項や条例の背後にある皆様との取引を一切合切（いっさいがっさい）やめようという社会全体の強烈な流れがポイントとなりますね。

暴排条項も暴排条例も関係ありますか、条例の背後にある「社会の要請」から説明しています。

> 反社：よくわからないなあ。この前話した弁護士は、暴排条項が解約理由だって言ってたよ。もっとも、俺が口座作ったのは10年前なのに筋が通ってないんじゃねえのって言ったら、「問題ありません」の一点張りで話にならなかったけどな。

89

弁：私は、10年前の契約にこの前導入した暴排条項の適用が可能だという考え方があることは承知しております。ただ、私は、地域密着でやってきた地銀・信金が突然手紙1通送り付けて「はい、さようなら」というのは、それこそ筋が通らないと考えていますので、きちんとお話し合いをさせていただく方針で進めているんです。

　選択肢としては強制解約方式もありますが、話し合いのもと解約すべきという考え方で交渉に臨んでいることを示しています。

反社：話し合いってことは「交渉決裂」もありってことだな。
弁：あり得ます。が、交渉決裂となったことは幸いございません。といいますのは、現在の社会環境をきちんとご理解いただいたうえで、それでも解約に応じられないという方はいらっしゃらないからです。
反社：俺は解約は嫌だね。
弁：○○さん。ほんの一昔、10年前に、○○さんもそうだし私も皆様の稼業の方々が口座を持てなくなる日が来るとは想像もしていなかったですよ。だけど、今や、口座を持てるとか持てないとかというレベルの話じゃないんですよ。最近、問題となった銀行では融資取引が問題になりました。口座もダメ。融資もダメ。銀行だけじゃないですよ。不動産取引も一切アウトだからマンションは借りられないし、駐車場すら借りられないですよね。自動車も買えないし、ゴルフもダメだし、大物芸能人だってアウトです。本当に行き場がないと言っても全然大袈裟じゃない。ダメダメダメの包囲網が年々凄い勢いで狭まっていますよ。
反社：やり過ぎだよな。明らかにやり過ぎだ。

　反社会的勢力が現在置かれている環境についてきちんと説明することが重要です。

弁：やり過ぎかやり過ぎじゃないかっていうことは、べつに警察や金融庁が決めてるわけじゃないですから。確かに警察がスタートボタンを押

したってことはあるでしょうね。でもボタンを押したら、**警察を追い越して社会が動きだしちゃった。社会が動きだしたらもう誰も止められないですよ。**

「警察対反社」ではなく「社会対反社」に変容したことを説明することが重要です。

反社：たしかにどエライことになってるよ。だけど不良外人が大手振って歩いてたのを止めたのは俺たちだっていうこと、弁護士さんは知ってるか？

警察の手が回らないところを自分たちが動いて治安を守ったという話です。これは、しばしば出てくる話です。

弁　：聞いたことはあります。
反社：警察だって手を焼いてたのに、俺たちが日本を守ったってことはあるんだよ。わかる？
弁　：**ですから○○さん。そういう時代もあったんでしょう。でも今はそういう時代じゃない。皆さんにあらゆる経済取引からご遠慮いただく時代になったんです。**

平成19年の政府指針リリースを境に大きく状況は変わったことを説明しています。

反社：嫌な時代だね。金融庁とか警察からいろいろ言われてるんじゃ、お宅らも逆らえんしな。
弁　：確かに当局の指導はあります。ただ、指導されてるから、はいそうですってことではないです。**銀行を取り巻く環境も皆様を取り巻く環境が変わったのと同様に大きく変わったのです。そういった環境変化を見据えての銀行自身の決断です。**

社会の要請を踏まえた金融機関自身の経営判断であることを伝えています。

反社：なんだか熱い話だねえ。
　　　まあ、それはそれとして、どうなんだろうね。俺が口座作ったのは10年前よ。お宅らのやってることは後出しじゃんけんでしょうが。自分らで勝手にルール作って、後から相手に「はい、ルール変更しました」ってそりゃないだろうよ。

弁：私は、○○さんのように10年前に口座取引を開始された方について暴排条項をもって取引解消としているわけではありません。あくまで、大きく変わった時代の変化、そういった環境変化に即した対応をお願いしているんです。

　合意解約方式の説明です。

反社：例えばホテルに泊まるとするさ。1泊1万円って聞いて泊まって、朝チェックアウトするときに「料金2万円となったので差額をお支払ください」って言われて、あんた納得できる？

弁：納得できないですね。ですから、お願いしているんですよ。

反社：無茶やってるって認めなさいよ。どうせ国策なんだから無理を通してでもやろうってことでしょうが。

弁：社会の要請に反することであれば「無茶」ということになるでしょうが、少なくとも銀行が皆様方と取引することは社会の期待するところではありません。皆様方は「国策、国策」とおっしゃる。たしかに「国策」なのかもしれません。ただ、この国策は国民の圧倒的な支持のもと進んでいる大きな社会の流れという強い味方がついています。

反社：うちの弁護士は無理があるって言ってるよ。

弁：弁護士の先生にもいろいろな考え方があろうかと思いますので。

反社：そういう難しいこと言ってるんじゃなくてね。後出しじゃんけんは卑怯だってことくらい誰だってわかるよって話。さっきのホテルの話はどうよ？

弁：ホテルの話だって、一晩で料金が倍になるだけの急激な社会情勢の変化があれば私はOKだと思いますよ。

ちなみに、貨幣価値が極めて短期間に変わることは実際にあることです。結果だけを見れば驚くような変化も社会の変化に照らせば説明がつくことはたくさんあります。ホテル料金の話も社会の変化と切り離して議論するから「あり得ない」という結論になってしまうだけのことで、それを支える社会の変化があれば正当化されることはあるはずです。

反社：OKにはならねえよ。
弁　：まあ、ホテルの話はあくまで仮定の話ですから。口座解約の話はリアルな話です。
反社：そんなこたあ、わかってるよ。俺が言ってるのは、筋の通らないことを通そうっていうんなら、もう少しモノの言い方があるだろうよってことだよ。
弁　：そこはご指摘のとおりで、私も私のスタッフも含めて○○様への応対については心を配って誠心誠意対応させていただいております。

　たとえ不当要求の拒絶であっても丁寧な対応をすべきです。ましてや合意による口座解約はお願いごとですから、丁寧な対応は当然です。

反社：いいんだよ。べつに△△金庫の口座もあるからそっち使えばいいんで、お宅の対応いかんでは解約してやってもいいと思ってるんだから。
弁　：お願いいたします。
反社：お願いしますじゃなくて、わからないことをまず教えてくれってことだよ。後出しじゃんけんだけど、国策だっていう説明なら、俺らもお上に逆らっても勝てっこないことはわかってるんだから。
弁　：しつこくて申し訳ないのですが、これは誰かに言われてやってることではありません。あくまで銀行の判断です。
反社：ふーん……それからね。もう一つわからないから、この際教えてよ。俺の口座ね、保険料とか携帯電話とか水道とかそういった類のものだけでしょ。誰が見ても犯罪口座じゃないわな。

弁　：そうですね。
反社：なら、いいじゃん。
弁　：ダメですね。
反社：生活口座はOKの県もあるって聞いたけどそうなの？
弁　：私は知らないし、他の県がどうあれ、ダメですね。
反社：あんたはメチャメチャ厳しいこと言うなあ。あのさあ、さっきから言ってるけど、別に解約っちゅーなら解約は仕方ないってことはわかってるって。わからない点を俺は知りたいだけなの。生活口座まで潰すのは行き過ぎじゃないかっていう素朴な疑問なわけ。
弁　：正直、私は生活口座がアウトというのは数年先の話と思っていました。というのは、生活口座もアウトという社会環境が整っているのか少しわかりにくいところもなくはなかったからです。でも今は、代替的な手段が全くない、例えばお子様の学校関係の費用の指定金融機関となっているような場合以外はアウトです。

　当局の方針は、代替手段のない場合と非常に限定的ですので、それに沿った対応をとっています。

反社：なら、一筆書くよ。変な口座の使い方したら解約OKって一筆書くから勘弁してくれよ。携帯でもなんでも手続が面倒くさいでしょ。俺だって、結構忙しいんだよ。
弁　：よくよくご理解いただきたいのは、そういう面倒くさいことをやらなければ仕方がない時代が来たということです。
反社：おい、こっちが二歩も三歩も引いて話してるっていうのに、お前そこまで言うか？　生活口座レベルで使ってる限りは誰にも迷惑かけてねえだろうがよ！
弁　：○○さんとは、きちんとお話し合いもできます。声を荒げたのも今が初めてです。○○さん個人に何の恨みつらみもありません。ただ、○○様は●●組の構成員です。そういった属性の方と公共性を使命とする銀行がお取引すること自体が許されない社会になったんです。

## 1　解約通知に対する電話でのリアクション（良い例）

反社：生活口座限定にするからよ。勘弁してくれよ。
弁　：申し訳ありませんが、そのような対応はできかねます。

　　生活口座について将来的にどのようになるのかはわかりませんが、現状アウトが原則です。

反社：何ぬかしやがってんだ。てめえ。ぶっちゃけ、お前は俺らをどう見てんだ？
弁　：お客様だと思っています。
反社：ヤクザは野垂れ死にしようが知ったこっちゃないってか！
弁　：そのようなことは考えておりません。
反社：答えろよ。お前はヤクザをどう見てるんだ？
弁　：銀行としてお取引ができないお客様だと思っています。
反社：客だと思っている対応じゃねえよな。
弁　：お取引が現在ある以上お客様です。ただ、できないことはできないと申し上げております。
反社：客の言うことを全く聞く耳もたずじゃねえかよ。
弁　：○○様以外のどなたであれ、組の構成員であればお取引はお断りしております。

　　顧客を大切にしないという主張に対しては、すべてのお客様に同一条件のもとでは同一の対応となることを説明しています。

反社：……っで、どうするんだ。何か書類書くんか？
弁　：お願いいたします。
反社：悪い。もう1個だけ教えてくれや。
弁　：はい。
反社：俺はね△△金庫の口座があるからまだいい。もし、あんたのところが最後の口座なら、実際問題本当に困るんだわ。例えば保険料なんか止まっしまったら保険がなくなっちゃうこともあるでしょうが。
弁　：失効ですね。

95

反社：失効っていうんか。正味の話、俺らの稼業の人間はいちいち細かなことまで関わっていられん部分もあってね、保険料が止まっても気づかない奴はいくらでもいますよ。そうやって保険が潰れたときに、じゃあ入り直そうっていって簡単に入り直せないでしょうよ。
弁　：そうですね。
反社：そういうややこしいことも込み込みで無茶やってるわけだよ。
弁　：ヤクザを辞めるという選択もあります。

　大阪高裁平成25年7月2日判決は、「本件取引拒絶規定によって反社会的勢力に属する者の経済活動の自由が大きく制約されるとしても、この不利益は、その者が反社会的勢力との関係を断絶することによって容易に回避できるものであるから、生存権に影響を及ぼすような重大な不利益とはいえないし、あえて反社会的勢力にとどまろうとする者にとっては、反社会的勢力による企業の被害を防止し、市民生活の安全と平穏を確保するという高い公共性を有する本件取引拒絶規定の目的を達成する上で甘受せざるを得ない不利益ともいうべきである」としています。

反社：たしかに、もうヤクザの時代じゃねえよな。だけどね、ぶっちゃけ、あんたのところが最後の1口座なら、俺は「はいそうですか」っていうわけにはいかないよ。
弁　：私も「やむを得ないですね」と言わないでしょうね。
反社：どうするんだよ。
弁　：私自身で、代替手段をすべて調べて一覧表を作って「やりようはありますよ。はい、これです」ってご提示いたします。秘書に調べさせないで私が調べます。私が〇〇さんにお示しできる誠意はその程度のことですが、できることは全部やってお願いするつもりです。

　解約に向けて、こちらでできることはできるだけやるということも重要なポイントです。

1 解約通知に対する電話でのリアクション（良い例）

> 反社：真面目な話、振替がいくつもあるときはマジで困るわ。
> 弁　：そうですね。でも、今は、口座がダメなだけじゃなくて、何もかもダメな時代になりましたからね。
> 反社：実際、この口座が最後の1個ってことなら、振替の手続とかもそれなりに時間かかるわな。今日手続とっても今月の引き落としはたぶんもう間に合わないでしょ。そういう時の配慮っていうのはあってもいいんじゃないかなあ。あくまで客の希望って話だけどね。
> 弁　：そのくらいのことはもちろん配慮させていただきますよ。

　解約準備のために相当期間猶予することもお願いごとである以上、重要なポイントです。

> 反社：そのくらいのことはやってもらわんとなあ。
> 弁　：了解です。
> 反社：じゃ、必要な手続教えてや。なるべく簡単にやろうな。

## 2 解約通知に対する電話での リアクション（悪い例）

　既存口座の解約通知を受け取った反社会的勢力の相手方が、金融機関に電話をかけてきた。

《金融機関への電話》
反社：手紙届いたけど、少し教えてもらいたいんですわ。
支店：○○様、申し訳ありませんが、手紙のことでしたら手紙にも記載してありますとおり、弁護士に一任しておりますので、弁護士宛てにお願いいたします。
反社：俺は弁護士と取引してるんじゃないから。俺は誰と取引してるんだ？
支店：当行でございます。
反社：でしょ？　弁護士関係ないし。弁護士が入ればこじれるだけだよ。
支店：そうは言いましても。
反社：別に取って食うわけじゃないし。要は口座解約してくれってことだろ。いいよ。今の時代、口座一つ頑張ったところで通らないなんてことは俺もよくわかってるから。
支店：解約いただけるんですか？
反社：おうよ。ただ、少しだけわからないことがあるから教えてもらいたいんだわ。
支店：どういったことでしょうか。私でお答えできる範囲のことであれば。

　解約に応じてくれる気配を感じて、弁護士へスイッチという既定方針から簡単に逸脱してしまっています。

反社：いやね、俺の仲間のところにもこういう手紙最近はよく来るわけだよ。
支店：はあ。

反社：それで、皆が言っているのは、どうして少し前まで問題じゃなかったことが今はダメなのかってことなんだな。
支店：それは、暴排条項というものがありまして。
反社：あっ、そうなんだ。いや、俺たちの仲間内で「暴排条例」に引っ掛かるんじゃないのかって意見もあるんでね。条例の方じゃなくて、暴排条項の方の問題なんだ。あーそうなんだ。じゃあ、暴排条例は関係ないんだね。
支店：いえ……そう言われますと……。
反社：何？
支店：暴排条例も無関係ということではなくてですね……。
反社：ちょっと待ってよ、さっき暴排条項が問題だって言ったでしょうが。
支店：たしかに暴排条項もあるんですが、暴排条例も利益供与を禁止しておりまして。
反社：何？ 利益供与の問題なの？ 何が利益になるっていうのよ？
支店：口座をお持ちいただきますと、様々な引き落としのお手数がなくなりますし、少ないとはいえお利息のほうもですね、つくわけですし。
反社：それは少しおかしくないかい？ 警視庁の条例のＱ＆Ａを見ると、日用品の取引はＯＫってなってるよ。
支店：すみません。少し不正確でした。口座が犯罪に利用されるとか、やはり、そういった危険性が高まりますので……。
反社：いいよ、いいよ。こっちもあんたをいじめるつもりはないんで。ぶっちゃけ、あれでしょ。金融庁とか警察からいろいろ言われてるんでしょ。お宅らも。

　助長性については、口座の種類や口座の取引実態によって濃淡は生じ得ますが、口座取引に助長性が一切ないとまではいえません。

支店：そのとおりでございます。

　そもそも当局にいわれているから取り組んでいるという姿勢は誤りです。あくまで企業の社会的責任として取り組んでいる、すなわち自

らの決定であることを明確に伝える必要があります。

反社：言われたら右向け右ってことね。
支店：はい、監督庁ですので……すみません。
反社：いいんだよ。いいんだよ。俺たちだって上の命令は絶対だから。そういう規律があるから世の中回るんで。その辺のことは俺もよくわかってるから。
支店：ありがとうございます。
反社：まあ、それはそれとして、どうなんだろうね。条例っていうのはやっぱり違うんじゃねえのかなって俺は思ってるんだわ。だって、暴排条項の方が先でしょうが。
支店：時期的にはだいたい同じ頃かと思います。
反社：いや、違うよ。俺も調べたから。条例は平成23年10月だからさ、お宅の暴排条項の方が先だよ。

　取引解消の根拠としては暴排条例も暴排条項も関係があります。暴排条例は反社会的勢力を助長する取引を遮断する地方自治体の立法で、暴排条項は、平成19年の政府指針を受けて各企業の自主的な取組みとしての反社会的勢力との取引を遮断するための道具であり、いずれも関係があります。支店担当者は二者択一を迫られたため判断を誤っています。

支店：申し訳ありません。
反社：じゃあ、暴排条項が理由になるんだね。
支店：そのとおりでございます。
反社：じゃあ聞くけどね。俺が口座作ったのは10年前よ。お宅らのやってることは後出しじゃんけんでしょうが。自分らで勝手にルール作って、後から相手に「はい、ルール変更しました」ってそりゃないだろうよ。
支店：いえ、そういうわけではありません。
反社：そういうわけでしょうが。例えばホテルに泊まるとするさ。1泊1万円って聞いて泊まって、朝チェックアウトするときに「料金2万円と

なったので差額をお支払ください」って言われて、あんた納得できる？
支店：それとこれとは話が違うかと……。
反社：一緒だよ。後で話が変わるっていう点、しかも客側に不利益になるっていう点ではぴったんこ一緒だよ。
支店：あのですね……。
反社：あのですねじゃなくて、無茶やってるって認めなさいよ。どうせ国策なんだから無理を通してでもやろうってことでしょうが。
支店：弁護士とも協議のうえ進めておりますので。
反社：弁護士がいいって言ったらそれでＯＫじゃないでしょう。弁護士は法律じゃないから。俺だって弁護士くらい何人も知ってるよ。うちの弁護士は無理があるって言ってるよ。
支店：弁護士の先生にもいろいろな考え方があろうかと思いますので。
反社：そういう難しいこと言ってるんじゃなくてね。後出しじゃんけんは卑怯だってことくらい誰だってわかるよって話。さっきのホテルの話はどうよ？
支店：先ほどのホテルの例はあまりに無茶苦茶な話ですから。
反社：その無茶苦茶な話をお宅らはやってるってことだよ。
支店：すみません。これはうちだけではなくて、全国の金融機関で進めていることですからご理解ください。
反社：そんなこたあ、わかってるよ。俺が言ってるのは、筋の通らないことを通そうっていうんなら、もう少しモノの言い方があるだろうよってことだよ。なんだよこれ。「本書到達後１週間経過したら解約します」って。筋の通らないことを通したいなら、せめてきちんとお願いする姿勢くらい見せろってことだよ。
支店：申し訳ありません。
反社：いいんだよ。べつに△△金庫の口座もあるからそっち使えばいいんで、お宅の対応いかんでは解約してやってもいいと思ってるんだから。

　相手方が他の口座を所持している場合は比較的交渉が進めやすいで

101

すが、「最後の1口座」となるとハードルが高くなってきます。

支店：お願いいたします。
反社：お願いしますじゃなくて、わからないことをまず教えてくれってことだよ。後出しじゃんけんだけど、国策だっていう説明なら、俺らもお上に逆らっても勝てっこないことはわかってるんだから。
支店：すみません。そういうことです。

「国策」ではありません。あくまで企業の社会的責任が根拠です。

反社：それからね。もう一つわからないから、この際教えてよ。俺の口座ね、保険料とか携帯電話とか水道とかそういった類のものだけでしょ。誰が見ても犯罪口座じゃないわな。
支店：そうではありますが……。
反社：なら、いいじゃん。
支店：いえ、そういうわけには……。
反社：生活口座はOKの県もあるって聞いたけどそうなの？
支店：そうなんですか？ それは初耳です。
反社：そうらしいよ。
支店：よそ様はともかく、当行といたしましては……。
反社：あのさあ、さっきから言ってるけど、別に解約っちゅーなら解約は仕方ないってことはわかってるって。わからない点を俺は知りたいだけなの。生活口座まで潰すのは行き過ぎじゃないかっていう素朴な疑問なわけ。
支店：今は生活口座でも将来的にどのようなお金の流れになるかは見えない部分もございます。

生活口座解消の必要性として一般的に用いられる説明です。

反社：なら、一筆書くよ。変な口座の使い方したら解約OKって一筆書くから勘弁してくれよ。携帯でもなんでも手続が面倒くさいでしょ。俺だって、結構忙しいんだよ。

## 2　解約通知に対する電話でのリアクション（悪い例）

**支店**：そのような取扱いはしておりませんので。

　反社会的勢力との約束事は基本的に行わないというスタンスです。一筆扱いの件数にもよりますがその後のモニタリングも大変だという議論もあります。

**反社**：おい、こっちが二歩も三歩も引いて話してるっていうのに、お前そこまで言うか？　生活口座レベルで使ってる限りは誰にも迷惑かけてねえだろうがよ！
**支店**：すみません。
**反社**：生活口座限定にするからよ。勘弁してくれよ。
**支店**：申し訳ありませんが、そのような対応はできかねます。
**反社**：何ぬかしやがってんだ。てめえ。ぶっちゃけ、お前は俺らをどう見てんだ？
**支店**：どう見てるんだと言われましても。
**反社**：ヤクザは野垂れ死にしようが知ったこっちゃないってか！
**支店**：そのようなことは考えておりません。
**反社**：答えろよ。お前はヤクザをどう見てるんだ？
**支店**：我々とは別の世界で生きていらっしゃる方々だと思っています。
**反社**：別の世界ってなんだ？
**支店**：恐ろしい世界です。もう勘弁してください。
**反社**：（笑）わかった。わかった。べつにいじめるつもりなんかサラサラないんで。そうかオッカナイ世界で生きてるわけだ。俺たちは。それね。当たってるよ。俺らも厳しい世界で生きてるんだよ。そこのところを少しはわかってもらいたいってことだよな。

　私も含め一般人は「別の世界」の実態の詳細は知りません。構成員から聞く話では、礼儀にはとても厳しい世界だそうです。礼儀に厳しいのは結構ですが、躾には暴力が介在するそうで、「パワハラがどうのこうのって企業の人が言ってるけど、笑っちゃうよ」とのことです。交渉に際しては、それぞれの世界で各々いろいろ大変なことがあるん

103

だということくらいの理解は、上から目線にならないという点で必要だと思います。

支店：すみません。
反社：……っで、どうするんだ。何か書類書くんか？
支店：お願いいたします。
反社：悪い。もう１個だけ教えてくれや。
支店：はい。
反社：俺はね、△△金庫の口座があるからまだいい。もし、あんたのところが最後の口座なら、実際問題本当に困るんだわ。例えば保険料なんか止まってしまったら保険がなくなっちゃうこともあるでしょうが。
支店：失効ですね。
反社：失効っていうんか。正味の話、俺らの稼業の人間はいちいち細かなことまで関わっていられん部分もあってね、保険料が止まっても気づかない奴はいくらでもいますよ。そうやって保険が潰れたときに、じゃあ入り直そうって言って簡単に入り直せないでしょうよ。
支店：たしかに……。
反社：そういうややこしいことも込み込みで無茶やってるわけだよ。
支店：申し訳ありません。
反社：ぶっちゃけ、あんたのところが最後の１口座なら、俺は「はいそうですか」っていうわけにはいかないよ。
支店：最後の口座じゃなくてよかったです。
反社：君、面白いねえ。
支店：すみません。
反社：真面目な話、振替がいくつもあるときはマジで困るわ。
支店：すみません。
反社：実際、この口座が最後の１個ってことになればね、振替の手続とかもそれなりに時間がかかるわな。今日手続とっても今月の引き落としはたぶんもう間に合わないでしょ。そういう時の配慮っていうのはあってもいいんじゃないかなあ。あくまで客の希望って話だけどね。

口座振替は件数があると、それなりに大変な作業ですので、相応の期間の猶予は必要です。ただし、それなりの期間を猶予しても、さぼるというより忘れてしまうことが少なくありません。面倒くさいことですから後回しにしがちで、そのうち忘却の彼方ということもあるので、時々確認の連絡を入れる必要があります。

**支店**：本部に「お客様の声」としてあげておきます。
**反社**：（笑）君、本当に面白いねえ。
**支店**：すみません。
**反社**：いいって、いいって、面白い君に免じて今回は丸くおさめようや。
**支店**：ありがとうございます。
**反社**：じゃ、必要な手続教えてや。なるべく簡単にやろうな。

本件は、少し漫画チックな展開ですが、実際に普通に話が通じると相手が感じてくれる状況に至ると、「まあいいよ」という展開になることは少なくありません。口座一つに対して頑張ってもしょうがないことを彼ら自身よくわかっているので、徹底抗戦するほどのことでもないという認識のようです。

## 3 反社と対面して交渉する場合（良い例）

　既存口座について暴排条項に基づいて解約通知を発出したところ、相手方の●●より電話があり、支店の○○が対応した。

《反社からの電話》
反社：●●いいます。今、メチャメチャ失礼な手紙もらいまして。腹立ってしょうがないわ。あんたが担当の○○かい。この手紙に書いてあるぞ。
○○：はい、私が担当の○○でございます。
反社：聞きたいことが、山ほどあるで。お前ちゃんと答えられるんかい。
○○：はい、ご対応させていただきます。
反社：本当なら今すぐ怒鳴り込みに行きたいところだけど、こっちも1日おいてクールダウンして、明日なあ、うちの顧問連れて賢い議論してお宅ら打ち負かしたるから。上のもん揃えとけ。明日いくわ。わかったなあ。
○○：●●様。●●様のお話をきちんと伺うためにも、会議室の確保等必要な準備もございます。確認のうえ折り返しご連絡させていただけませんでしょうか。
反社：やかましい！　いきなり手紙送りつけたお前らが、そんなこと言えた義理かい。明日の2時や。（ガチャンと一方的に切られる）

　反社会的勢力が一方的な日時指定を行い、切電してしまったケースです。非通知でなければ、すぐに折り返して「明日の2時の面談については、至急、こちらで対応可能かどうか確認して連絡差し上げます」とする選択もありますが、この金融機関では次頁のシナリオにも見られるとおり部内の連携もきちんとできているので、担当者は上司への報告を優先しました。妥当な選択です。

3　反社と対面して交渉する場合（良い例）

《上司への相談》
○○：部長。予想したとおり、●●さんがブチ切れて電話してきました。明日２時に顧問という方を連れてくるそうです。
部長：やっぱりかかってきたか。激高してました？
○○：はい、かなり興奮していました。明日２時と一方的に言って電話を切ってしまうような状況で……。
部長：わかりました。対応フローに沿ってきちんと対応しましょう。まずは、明日２人で来るということであれば、こちらは３名体制だね。記録係の佐藤君と、制止係の田中君を集めてミーティングを開きましょう。それから、明日２時の会議室は押さえられるかな。
○○：会議室は大丈夫です。押さえておきました。ＩＣレコーダーも「代理人に関する確認シート」（152頁参照）も準備してあります。
部長：よーし。ミーティングでは、対応マニュアルと、口座取引解消の指示書も再度確認しておこう。
○○：はい。
部長：それから、●●さんには、明日の２時に会議室の用意もできたことなど、こちらから伝えておきましょう。押し切られて面談に応じたという履歴は残したくないからね。
○○：はい。今から電話しておきます。
部長：ミーティングの後で所轄警察にも一報入れておこう。
○○：はい。

　的確な上司の指示です。明日の役割分担、明日に備えて本日できること、すべきことを皆できちんと共有しています。また日時指定は相手方の一方的指示ですから、相手に押し切られて面談に応じたのではなく、金融機関の意思決定に基づいて面談に臨んだという履歴も重要です。

《当日対応》
　当日、応接で●●と年配の男性■■が待っている。

107

○○：お待たせいたしました。担当の○○です。(他の2名も挨拶)
●●：なんだ、どこかで顔を見たことのあるような面々じゃないか。責任者は誰じゃい。
○○：私が担当者の○○です。
●●：あんた本件の決裁権もってるの?
○○：私は本件の決裁権はもっておりませんが、きちんとお話を伺わせていただきたいと思います。
■■：それじゃ遠回りなんだよ。決裁権もっている人と話したほうが早いでしょう。
○○：失礼ですが、貴方様は……。

　後掲の悪い例のシナリオでは反社●●の同伴者について何の人定も行わないまま、好き放題に話をさせてしまっています。会議参加者の人定は、通常のビジネスにおいては最初に各自の挨拶から始まるので特に注意を要しませんが、反社会的勢力が絡む交渉では、同伴者が名前も名乗らないまま本論に入るということがあるので、通常のビジネスとは異なる注意が必要になります。

■■：顧問の■■です。●●グループの面倒をいろいろ見させてもらってます。ただし、今日は●●さんの個人口座の話ですから、まあ一種のボランティアみたいなもんですな。
○○：左様ですか。お名刺頂戴できますでしょうか。
■■：はいはい。こういうものです。
○○：●●グループ法務担当顧問の■■様ですね。■■様。本日は、ご本人様の●●様と■■様はどのような関係となりますでしょうか。
●●：だから、先生はボランティアとおっしゃったじゃないか。あくまでボランティア。

　「ボランティア」と称するのは、弁護士法72条違反ではないことをアピールするためのよくある話法です。無報酬であることをアピールしています。

## 3　反社と対面して交渉する場合（良い例）

○○：申し訳ありませんが、ご本人に同行される方の立場について、きちんと確認しておくようにという弁護士からのご指導がございまして、お手数ですがこの用紙に記入お願いいたします。（代理人に関する確認シートを示します）

■■：なんですか？　これは？　あー、知ってるよ。どこかの弁護士が本で得意気に紹介していた紙でしょう。これは問題だから今この弁護士の懲戒を考えているところですよ。つまり、こんな問題含みの紙には書けません。お断りします。

○○：ご記入いただけませんか。

●●：だから、先生は書かないって言ってるだろう。

○○：●●様。大きな声は出さないでいただけますか？

●●：俺は、もともと声がでかいんだよ。

○○：大きな声を出されると、お話し合いに差し障りますので、よろしくお願いいたします。それから、用紙への記入は拒絶されるというのであれば、やむを得ません。（「用紙への記入は拒絶されました」……と声に出して、用紙の欄外に記入する）

　代理人に関する確認シートについては悪い例のシナリオ解説を参照してください。記入を拒否されたとしても、弁護士法違反をきちんとチェックしている会社であることをアピールできればそれで十分です。また、大声を出された際に、きちんと釘を刺しておくことも重要です。たとえ反社会的勢力側が粗暴な言動であっても、こちらは常に「丁寧な応接と丁寧な言動」を心掛けることにつきますが、相手方の怒号を放置していたのでは、実りある交渉は実現できません。必ず、ビジネスの常道の交渉スタイルに立ち戻らせるよう大声を出すとか机を叩くといった言動には釘を刺す必要があります。

○○：それから、ご用件を伺う前に、2点お願いがございます。まず、この会議室ですが、立て込んでおりまして午後2時半までとさせていただきます。立て込んでおりまして恐縮です。

109

●●：ふざけんな。残り20分もないだろう。
○○：●●様。お願いは2点ございます。最後まで聞いていただけますか。もう1点は、本日の打ち合わせは録音させていただきます。上に正確に報告するためです。

　説明の途中で遮られたら、必ず「最後まで聞いてください」と釘を刺してください。「ご用件を伺う前に2点お願いがある」といったように、伝えるべき用件の数を最初に示しておくのも非常に有効です。「2点と申し上げましたよね。まだ2点目のお願いをお伝えしておりません」といったように話をつなげることができます。
　また、「相手の要求は2件、こちらのお願いは2件」といったように、論点を整理しながら話すと、話が迷路に入ることを避けることができます。今回の訪問は口座取引解消に関する不満であることがわかっていますが、事案によっては相手の要求をきちんと特定することから始めなければならないことが少なくありません。

●●：だから、ふざけんなって言ってんだよ。20分でできるそんな簡単な話じゃねーんだよ。
○○：●●様。お願いですから大きな声を出すのはやめてください。これ以上大きな声を出されるというのであれば、お話し合いはできなくなってしまいます。
●●：指図すんなー。
○○：●●様。大きな声を出されるのであればお話し合いはできません。お引き取りいただくことになります。

　大声に対する牽制は慣れてしまえば、ほとんど条件反射のようにできるようになります。

■■：まあまあ○○さん。こちらはお客様なんだから、そういう喧嘩腰の言い方はやめましょう。●●さん。大丈夫ですよ。こちらの方々だって、話がそんなに簡単なことでないことはすぐお気づきになることだ。そ

　　　　れからね。録音は構わないのだが、私は、その姿勢に承服しかねるん
　　　　ですよ。まるで我々がいちゃもんをつけに来たみたいではないですか。
　　　　話も聞かないで危険人物扱いというのはいかがなものでしょうね。
○○：録音は、あくまで上への正確な報告のためです。
■■：それなら、最初から上を連れてくればいいんですよ。
○○：私が担当です。
●●：お前の上司は何って言うんだ。
○○：伊藤です。
●●：伊藤呼んでこい。
○○：私がお話を伺わせていただきます。本日は、当方の口座解約通知につ
　　　いてのお話と思われますが。

　担当者は自分であるということをきちんと伝えています。また、今
回の訪問の用件はあらかじめ予想がつくので、時間制限や録音の告知、
弁護士法違反への牽制を行った後は、さっさと本論に移行すべく担当
者自ら水を向けています。

●●：そうだよ。この手紙には憲法問題があるんだ。
○○：憲法問題とおっしゃいますと。
■■：君は、憲法の結社の自由についてきちんとわかっているのかね。
○○：すみません。口座解約との関係でどのような問題をご指摘なのでしょ
　　　うか。

　口座解約の問題と憲法問題の関係が理解できなかったため率直な質
問を投げかけています。この姿勢は重要です。ビジネスでも同様です
が、相手の言っていることをよく理解できないのに、適当に相槌を
打って話を進めてしまうと最終的に困るのは自分です。理解できない
議論が出てきたり相手が早口であることなどを理由に聞き取れなかっ
たときは、必ず聞き返すようにする必要があります。

■■：驚いた。結社の自由もわからんで……だからこんな手紙を送りつけて

111

これるわけですな。●●さんが暴力団かどうかはともかくとして、ある結社を経済的な取引から排除することについては、憲法問題をはらむんですよ。お宅はそのあたりのことをきちんと検討されたのでしょうか？　○○さん。どこの金融機関も、横並びでとりあえず暴排条項を導入するはするけど、実際使いあぐねているのが実情ですよ。うん。どうしてかって？　今、申し上げた憲法上の問題もさることながら、損害賠償リスクがあるからですよ。裁判やったら負けるよ。

　裁判・監督官庁・マスコミ・インターネットといった第三者をちらつかせるのは反社会的勢力の常道です。いちいち反応しないことに尽きます。

○○：そのあたりのことは、当金庫でも顧問弁護士のご指導をいただききちんと検討したうえで行っております。
●●：あんた、さっき結社の自由はよくわからねえって言っただろ。きちんと検討できてないだろうよ。
○○：『よくわからない』とは申しておりません。このたびの口座解約の問題と結社の自由の問題の関係についてご指摘くださいと申し上げました。それから当金庫にて法的問題については顧問弁護士のご指導をいただき検討しましたと申し上げました。

　担当者は「結社の自由はよくわからない」とは一言も言っていません。口座解約の問題との関係がわからないと述べたまでです。このように、発言を微妙にアレンジして、それに対して特段の異議がなければ、アレンジした発言（結社の自由はわからない）が独り歩きしてしまいます。自分が口にしていないことを「さっきこう言った」などと言われたら必ず訂正しておく必要があります。

●●：……で、憲法問題についてはどう考えてんだ。
○○：ですから、そこも含めて問題ないということで進めております。

　取引解消については弁護士がその方式をレヴューしているはずです

から、個別の法的議論については、憲法問題も含め担当者の立場としては、「弁護士がゴーサインを出しているのだから法的問題はクリアしている」という理解でよいと思います。

■■：そうですか？　問題ないんですか？　だったら○○さん、ここに「『暴力団排除条項は憲法上問題はありません』△△金庫　担当者○○」と書いてください。
○○：そういったものは書けません。
●●：おかしいだろう。今、自分が言ったことを書くだけだろう。口で言うのは後が残らないけど、紙には書けないということかい？　おかしいだろう。
○○：書けません。

「一筆書け」も定番のプレッシャーのかけ方です。そもそも「何を書くか書かないか」を指示される立場にないことに立ち戻って考えれば簡単なことです。

例えば、よくあるのは口頭謝罪をしたら「今の謝罪を文書にしてくれ」と言われることがあります。「事案ごとに口頭謝罪とするか文書謝罪とするかは個別具体的に判断しております。本件においては口頭謝罪で十分と思料しております」という言い方を私はよく使います。

●●：じゃあ、こうしよう。（ＩＣレコーダーを取り出す）○年○月○日、何時何分、△△金庫の○○さんは、暴力団排除条項は憲法上問題ないと言いました。間違いありませんね？　……どうしたの？『はい』って言いなさいよ。さっき問題ないって言ったでしょう。
○○：私は、暴力団排除条項についての法的な問題はクリアしていると認識していると述べたまでです。
●●：だったら、そう言ってることを録音させろ。お前らも録音してるんだ。こっちも●●グループで報告する必要があるからな。
○○：はい、結構ですよ。私は暴力団排除条項についての法的な問題はクリ

> アしていると認識しております。それで、本日のご訪問のご用件ですが?

録音は相手方もしているものと考えて対応すべきです。担当者は、弁護士のレヴューを経ているので「法的な問題はクリアしている」と当然のことを回答しています。また、話が憲法問題に傾斜しているので、訪問の本筋の話に戻している点も優れています。

> ●●:口座の解約は認められないちゅーことだよ。
> ○○:しかし、暴力団排除条項がございまして……。
> ●●:お前、さっきから暴力団、暴力団って軽く言ってるけどなあ、名誉毀損になるぞ。大変なこと言っていることわかってるんか? 訴えるぞ!
> ○○:すみません。名誉毀損だというお申し出でしょうか?
> ●●:そうだよ。お前個人も金庫も全部訴えてやる。
> ○○:口座の解約が名誉毀損ということでしょうか?
> ●●:違うだろう。口座解約は無効だっていう話と、俺を暴力団呼ばわりするあんたが名誉毀損だって話だよ。
> ○○:そういたしますと、口座解約が認められないというお話と、私が●●様を暴力団呼ばわりしたということが名誉毀損だという2点のお申し出ですね。

相手方の「訴えるぞ!」という牽制に怯むことなく、常に論点を整理する姿勢を貫徹している点が良いです。

> ●●:そうだよ。そうですよね。先生。
> ■■:それから結社の自由の侵害という憲法問題もあるな。
> ○○:では、憲法問題も含めて3点ですね。まず、私の発言についての名誉毀損の件ですが、私は『暴力団排除条項』という呼称の中で『暴力団』と申し上げただけです。

議論の対象をこの時点で3点に絞り込みました。

●●：だから、それが名誉毀損だっていうんだよ。訴えるよ。
○○：訴える訴えないは、●●様でご判断されることですから、私の方ではなんともコメントいたしかねます。

　訴訟提起のイニシアティブは相手方にあります。「訴えてみろ」と挑発する立場でもなく、「訴えるのは勘弁してください」と懇願する立場でもないので、先の答えで十分です。

●●：いい度胸しとるな。訴えろって言ったな。
○○：そのようなことは申しておりません。訴える訴えないは、●●様でご判断されることですから、私の方ではコメントいたしかねますと申し上げました。

　「そちら様の判断です」と返すと、勝手に「おまえが訴えろと言った」といった誤訳を施すことがしばしばあるので、必ず自分自身の言ったことを正確に伝えておく必要があります。

■■：いいでしょう。そちらが喧嘩を売るならそれはそれでしっかり検討させていただきますよ。口座解約については、憲法問題のほか、そもそも●●さんが口座開設時に影も形もなかった条項を持ち出すことも問題ですが、どう考えているんですか。
○○：各種法的問題については、当金庫で顧問弁護士の指導のもと慎重に精査し、問題はないと判断しております。
■■：約款や規程に遡及効が発生する根拠があるとは思えませんが。
○○：本日、個別の法的問題について議論するつもりはございません。法的な問題については『ない』という認識をお伝えしております。

　遡及適用の問題は顧問弁護士が責任をもって判断すべきことです。法的な議論はすべて「顧問弁護士のご指導のもと」という返し方で徹底すべきです。中途半端に法的な説明をしてしまうと顧問弁護士の理解とズレがあったときに正道に戻すことが難しくなってしまいます。

■■：それじゃあ話し合いに来た意味がないよ。では後で結構ですから文書回答してください。
○○：文書回答については、別途顧問弁護士と相談して、回答を差し上げる差し上げないも含めて検討させていただきます。

　法的な問題についての文書回答ですから、すべて顧問弁護士と協議すると返答することになります。

●●：すぐに弁護士、弁護士かい。ともかくお前らは、俺が暴力団だって言うんだろ。証拠見せーや。
○○：当局に確認をとっております。
●●：当局っていうのは、どこのことじゃい。どこのどいつが何と言ったのか聞かせてもらおうか。
○○：◎◎県警です。きちんと確認をとりました。

　警察の属性照会で「該当あり」という結論になったときには、反社会的勢力が「俺が反社であることの証拠を示せ」ということがあるので、きちんと警察への照会結果であることを伝えることになりますが、各警察の取扱いの違いが全くないとはいえないので、各警察に事前にきちんと「相手に根拠を求められたときは『警察照会の結果』と伝えてよいか」確認をとっておいてください。

■■：それじゃあ、冤罪被害者が出ることになるなあ。
○○：冤罪……とおっしゃいますと……。
■■：そうでしょ。●●さんは生活口座も事業用の口座ももっていらっしゃるんだ。不便極まりないし、事業継続には即具体的な支障が生じることになりますよ。お宅に一方的に暴力団扱いされて、一方的に不利益を被ることになるわけですよ。
○○：きちんと調査のうえで進めております。
●●：だから、その調査結果を見せ、言うとるんや。

　調査結果の文書を見せろという趣旨でしょうが、きちんと口頭で回

3　反社と対面して交渉する場合（良い例）

答している以上、文書を見せろといったリクエストには応じる必要はありません。そもそも当局から文書で回答を得るとは限りません。

■■：○○さん、裁判にしましょうか。
○○：訴訟については、そちらのご判断です。
■■：どうですか、○○さん。再度検討してみてはいかがですか？　拙速はリスクを伴いますよ。どこの金融機関も横並びで導入した排除条項を何も勇んで振りかざすことはないですよ。自分が怪我をしたんじゃ身も蓋(ふた)もない。
○○：いえ、検討はできません。口座は1か月後に閉めさせていただきます。

　強制解約方式の説明の仕方です。

●●：先生。もういいですよ。せっかくこっちが怪我するぞって教えてやっているのに、引き返す勇気がないなら、こいつら痛い目にあわなきゃわからない馬鹿どもなんですよ。
■■：口座を閉めるっていうけど、我々は承諾してませんからね。それからね、●●さんが口座を開設したのは、もう10年も前のことだ。当時は暴力団排除条項なんて影も形もなかった。契約内容を一方当事者が一方的に変更することの問題も指摘しておきましょう。改正債権法では、おそらくこのような変更はアウトになるでしょう。
○○：私は、問題はないと聞いております。
●●：あるだろうよ。先生が言ってること聞いてるのか？
■■：それに、口座の残金はどうするつもりなんでしょうね。●●さんは受け取りませんよ。口座できちんと管理していただきますからね。
○○：そのときは供託させていただきます。
■■：供託っていうのは、どこでどういうふうにやるんですか？　このケースで本当にできますか？　前例がないでしょう。
○○：法務局に確認済みです。
■■：私も確認しましたが、できないということでしたが。
○○：法務局でできると確認済みです。

117

数年前と異なり、法務局は反社会的勢力の口座解約の残高の供託について精通しています。最近ではトラブルはほとんどありません。

■■：○○さん、一度、いろいろなリスクを検討してはいかがですか？　なんなら、私が直接説明しますよ。上の方々に。それでもどうしても取引解消というなら、そのときはそのときでしょうがない。一度検討の機会をもってもそちらには何の不利益もないはずですよ。むしろ、あなたがここで蹴飛ばして引き返せなくなることのほうが問題ですよ。あなたは『憲法上問題ない』と断言までしてしまったんだ。録音も残っている。これをネットで流したら大変な反響を呼ぶでしょうね。家に押しかけてくる人もいるかもしれない。あなたは憲法に唾を吐くような発言をしてしまったんだから。これはもう取り返しがつかない。
○○：ネットに流したり、どなたかが私の家に押しかけるとおっしゃっているのですか。

脅しのニュアンスを含んだ発言は聞き流してはいけません。「今、○○○○○○○○とおっしゃいましたね」と牽制球を投げておくことが重要です。

●●：あくまで、可能性の話だろうよ。
○○：それは脅しですか。

脅されていると感じるレベルの発言があれば「それは脅しですか」と確認することも重要です。大声を出されたときに流さないのと同じことです。

●●：失礼なこと言うな。
○○：そういうお話であれば、これ以上お話はできません。お引取りください。

話をしても埒（らち）があかないどころか、脅しが出てくるような交渉はその時点で、脅しを理由に打ち切るべきです。話し合いの場ではなく、単なる脅迫の現場になってしまいます。

3 反社と対面して交渉する場合(良い例)

■■：落ち着きなさいよ。●●さんはね。あなたやあなたの家族のことを心配してるだけですよ。
○○：お引取りください。
●●：こっちは録音してるんだよ。ネットで自分の発言を確認するといいや。
○○：お引取りください。脅しをかけるような方とはお話できません。
■■：○○さん。我々は法的な問題点について聞きに来ただけですよ。問題をすり替えないでください。
○○：お引取りください。警察に通報いたします。
●●：上等じゃないか。警察呼べーや。
○○：(制止係に向かって)警察に通報してください。ネットと家に押しかけてくる話と併せて。
■■：●●さん。こんな民事の紛争で警察も呼び出されちゃご迷惑だ。帰りましょう。こちらはこちらで法的にきちんとやればいいんだから。

　警察に通報すると告げても彼らは表面上は絶対に動揺しません。しかし、年間の検挙数を再度確認してください(11頁参照)。警察を畏れていないはずがありません。

●●：○○！　次は裁判所で会おうな。それからな、世の中、物騒なことが続いているからな。ご家族全員、身体にきーつけや。

　メンツの回復を図るために捨て台詞を残すのは彼らの常套手段です。いちいち反応する必要はありません。

## 4 反社と対面して交渉する場合（悪い例）

　既存口座について暴排条項に基づいて解約通知を発出したところ、相手方の●●より電話があり、支店の○○が対応した。

《反社からの電話》
反社：●●いいます。今、メチャメチャ失礼な手紙もらいまして。腹立ってしょうがないわ。あんたが担当の○○かい。この手紙に書いてあるぞ。
○○：はい、私が担当の○○でございます。
反社：聞きたいことが、山ほどあるで。お前ちゃんと答えられるんかい。
○○：はい、一応は……。
反社：何が、『一応は』じゃい。一応ってことは全部はわからんちゅーことでしょう。
○○：いえいえ、決してそのようなことは……。
反社：一応しかわからんあんたじゃ話にならんわい。本当なら今すぐ怒鳴り込みに行きたいところだけど、こっちも１日おいてクールダウンして、明日なあ、うちの顧問連れて賢い議論してお宅ら打ち負かしたるから。上のもん揃えとけ。明日いくわ。わかったなあ。
○○：そのように、明日と急に言われましても……。
反社：やかましい！　いきなり手紙送りつけたお前らが、そんなこと言えた義理かい。明日の２時や。（ガチャンと一方的に切られる）

　「一応」「たぶん」「だいたい」といった曖昧な言い方があれば、反社は必ず凄い反射神経で突っ込んできます。曖昧な言い方をすることが癖になっている人もいるので、事前のロールプレイングではそのような癖の有無や矯正についても検討する必要があります。

4　反社と対面して交渉する場合（悪い例）

《上司への相談》

○○：部長。予想したとおり、●●さんがブチ切れて電話してきました。明日2時に顧問という方を連れてくるそうです。

部長：おいおい、ちょっと待ってよ。何よ、その話。2時って何なの。勝手にそんな約束するかなあ……困るなあ。

○○：すみません。一方的に電話を切られてしまいました。上の者も同席するように言ってます。

部長：えっ、上の者って誰。私のこと。あり得ないでしょ。マニュアルにも上席者は出すなって書いてあるじゃない。弱ったなあ……断りの電話入れなさいよ。

○○：ぶちょー……それは無理ですよ。電話してもガチャ切りされちゃいますよ……。

部長：なんとかしなさいよ。

○○：なんとかしろと言われましても。

部長：なんとかするのが、あなたの仕事でしょう。マニュアルをきちんと勉強していなかったツケが回ったんですよ。

○○：マニュアル、マニュアルって部長はおっしゃいますけど、マニュアルなんて誰も読んでませんよ。部長だって、『●●さんが文句言ってくるだろうからマニュアル読んでおかなきゃなあ……どっかいっちゃったしなあ……まずは探さんとなあ』なんて、この前ぼやいてたじゃないですか。

部長：何、何。君は何を言い出すの。我々の敵は●●でしょう。身内同士で非難しあってどうするのよ。おかしいぞ。言ってること。

○○：で、どうすればいいんですか？

部長：ダメだよ。そういう指示待ちの姿勢じゃ。担当者なんだから、うまくまとめるんだよ。マニュアルとか指示書とかちゃんと読んでさあ。穏便にまとめるんだよ。

○○：部長は同席していただけないんですか？

部長：だから、私が出たらダメなんだよ。マニュアルにそう書いてある。

○○：わ・か・り・ましたー。あのう……一つ聞いていいですか。
部長：何よー。
○○：マニュアルに録音するように書いてあるんですけど、●●さんが『ふざけんな』と言って拒否すると思うんですよ。そのときは……。
部長：そのときこそ『毅然とした対応』でしょうが。反社には『毅然とした対応』ですよ。最後は根性でしょー。君もね、後輩から見られる立場なんだよ。根性あるとこ見せなさいよ。うちのマニュアルは対応話法まで載っているんだから、ちゃんと読んでおいたら心配いらないよ。いいかい、『毅然とした対応』だよ。これだけは忘れないように。（と、○○の肩を強くたたく）

　徹頭徹尾、反社を恐れまくっている上司です。恐ろしいと思うことは、全く問題ないですが、恐ろしいからこそ組織で対応しなければならないのに、恐ろしいから部下に丸投げはＮＧです。

《当日対応》
　当日、応接で●●と年配の男性■■が待っている。
○○：お待たせいたしました。担当の○○です。
●●：なんだ、一応しかわかってないあんたじゃダメだって昨日言ってあるでしょう。なんであんた一人なの。上の人呼んできなさいよ。今日は、私も顧問にご足労いただいているんだ。
○○：申し訳ありません。直属の上司に、本日先約がございまして、外出しておりまして……。
■■：外出？　本当ですか？　もしも建物の中にいたら、あんた我々に嘘をついたことになるよ。上司の方は何という方ですか？
○○：上司の名前は……ちょっと、それはー……ご勘弁いただけますでしょうか。
●●：何を言ってるんだ君は。君は上司の名前を聞かれて、いつもそんな言い方をしてるのか？
○○：いえいえ、そんな。

●●：何が、いえいえそんなだ。我々には上司の名前を隠して、他の連中には伝えているというのか。
○○：すみません。すみません。
■■：あなたねえ……相手によって態度を変えるのはよくないことですよねえ。お互い誠実にやろうじゃないですか。上司はなんという方なんですか。
○○：すみません。伊藤といいます。

　上司の名前を出しても全く問題ないですが、前日に上司の逃げの姿勢を目の当たりにしているので、「名前を出しちゃまずいかも」と思ってしまうわけです。

●●：伊藤呼んでこいよ。外に出ているなら携帯にかけてすぐに戻ってこいって言え。
○○：あのー、私が担当しておりますので。
●●：お前じゃ話にならんよ。今すぐ電話しろ。
○○：いやー……それはーその一困ります……。
■■：●●さん、まあ、いいじゃないですか。○○さんが責任をもって対応するというのだから、最後まできっちり責任とってもらいましょうよ。いいですね○○さん。あなたが、責任もって対応してくれるんですよね。
○○：あっ……はいー。
●●：今、お前自分の責任認めたんだからな。無責任な対応は絶対に許さんからな。わかったな。
○○：はっ……はー。

　「責任の有無」を確定してから、「責任の取り方」を詰めてくるのが常套手段です。もっとも、反社は、実際に何らかの落ち度があるから突っ込んでくるわけですから、「責任あり」と答えたからといってアウトにはなりません。責任があるとしても、どのレベルの責任を取らなければいけないかは、あくまで突っ込まれる原因となった問題の程

123

度との見合いで決まることです。「たしかに責任はありますが、そこまでのことはできません」といった対応をとればよいのです。

■■：○○さん。単刀直入にうかがいますけど、この手紙には、暴力団排除条項に基づきと書いてありますが、そもそもこういった条項は憲法上の問題があるという指摘もあることはご存知でしょうな。

○○：け・ん・ぽ・う……ですか。

■■：そうですよ。国民には結社の自由というのがありましてな、●●さんが暴力団かどうかはともかくとして、ある結社を経済的な取引から排除することについては、憲法問題をはらむんですよ。お宅はそのあたりのことをきちんと検討されたのでしょうか。あっ、申し遅れました。私はこういうものです。（名刺を渡す）

　営業の自由や生存権が問題となった裁判例（大阪高裁平成25年7月2日判決）がありますが、結社の自由もかかる自由を実際に侵害しているかどうかはともかくとして、言い募ってくるかもしれません。

○○：●●グループ法務担当顧問の■■様ですね。

●●：うちのグループがお世話になってる先生だよ。そんじょそこらの弁護士なんか尻尾を巻いて逃げてしまうくらいの方だ。

■■：まあまあ、●●さん。そんな誇らしげに言うほどのもんじゃない。それでね○○さん。暴力団排除条項を使った成功例をあなたは聞いたことがありますか。ないでしょ。どこの金融機関も、協会から指示が下りるからとりあえず導入するはするけど、実際使いあぐねているのが実情ですよ。うん、どうしてかって？　今、申し上げた憲法上の問題もさることながら、損害賠償リスクがあるからですよ。裁判やったら負けるよ。

○○：そのあたりのことは、銀行でもきちんと判断しているはずですから。

●●：だからよぉ。その『はず』とかそういう曖昧な説明はやめようよ。こっちは口座が使えなくなって大損害を被るかどうかの瀬戸際なんだよ。そういう言い方は正直腹立つよ。エッ！

曖昧な言い方をすると確実に突っ込んできます。

○○：あっ！　すみません……すみません。あっ、そうだ。すみません。大事なことをお話することを失念しておりました。
●●：何？
○○：大変恐縮ですが、本日、この部屋の予約が30分となっておりまして……。
●●：だから何！
○○：したがいまして、2時半までとなっておりまして……。
●●：もう15分経ってるでしょう。そんな後出しじゃんけんみたいなふざけた話はやめようよ。
○○：……ですよね……あと15分では終わりませんよね。

　面談の時間制限を告げようとしたら、簡単に相手に一蹴されてしまいました。実際には、面談時間を30分とするか1時間とするかといった判断は難しいところです。私は、謝絶という基本方針が定まっているケースでは30分とすることが多いですが、事前の企業担当者のやりとりの録音に鑑み2時間と設定したケースもあります。このときは、人の話を聞かないで一方的に滔々と話す人物が相手方だったため、30分ではこちらが5分も話せないと判断したからです。

　なお、面談時間の制限は、制限時間到来と同時に「はい終わりです」とするために必要となるのではなく、30分の約束が1時間とか1時間半となったときに、「お約束の時間から、すでにこれだけの時間が経っていますよ」ということを説明する際に使います。また、居座り続けるなどして110番したときに、警察官に「約束の時間から1時間経過しています」という説明を行うときにも有効です。

■■：そりゃ憲法問題だからなあ……。
○○：はい……はい……すみません。あとですね……上司にきちんと報告するために録音をですねえ……。
●●：今、なんて言いました。

第3章　実務に役立つロールプレイングシナリオ

○○：はい！……ろくおん……ですが……。
■■：何をそんなにことを構えてるんでしょうね。べつに我々はいちゃもんをつけに来たわけではないですよ。どうしてそういう喧嘩を売るようなことをするんでしょうか。金融機関としての説明責任を果たしていただきたいというそれだけのことですよ。

「録音をさせていただけますか」と問えば「ダメだよ」となるので、「社内報告のため」「大切な話に間違いがあってはいけませんので正確性を期すために」などと説明して「録音をさせていただきます」と告げて録音は必ず行ってください。会話を行っている際に、録音していることそれ自体が牽制効果を発揮しますし、万一、行き過ぎた発言があったときに有力な証拠となります。

なお、検挙に値する脅迫文言を相当の確度で申し向けてくることが予想される場合、レコーダーを示さずに録音を行い、それを証拠に検挙に結び付けることもあります。

○○：ですよね。おっしゃるとおりです。すみません。あのー……■■様は代理人というお立場になるんでしょうか？
■■：違いますよ。顧問です。関係者ですが、何か問題ですか。
○○：いえいえ、結構です。

代理人とか付添人といった立場で同席する人物を特定するために、代理人に関する確認シートへの記入をお願いするのが基本です。この事例では、某会の顧問という位置づけですので、会内の担当者ということになってしまうかもしれませんが、代理人に関する確認シートは、当該企業が弁護士法のことを熟知していることをアナウンスする効果が狙いですから、シートを示すだけで十分です。ここでは、シートについて何も触れることもなく腰が引けてしまっており、この対応は良くありません。

■■：さっきからあなた少し変ですよ。大丈夫ですか。

126

○○：すみません。ご心配いただいて。
●●：っで、憲法問題についてはどう考えてんだ。
○○：ですから、そこは問題ないということで進めておりまして。
■■：そうですか？ 問題ないんですか？ だったら○○さん、ここに「『暴力団排除条項は憲法上問題はありません』△△信用金庫担当者○○」と書いてください。
○○：そういったものは書けません。
●●：おかしいだろう。今、自分が言ったことを書くだけだろう。口で言うのは後が残らないけど、紙には書けないということかい？ おかしいだろう。
○○：書けません。
●●：じゃあ、こうしよう。（ボイスレコーダーを取り出す）○年○月○日、何時何分、△△信用金庫の○○さんは、暴力団排除条項は憲法上問題ないと言いました。間違いありませんね？ ……どうしたの？『はい』って言いなさいよ。さっき問題ないって言ったでしょう。
○○：録音はやめてください。
●●：さっきはそっちが録音させろって言っただろう。
○○：だから、こっちもしていません。録音はやめてください。
■■：○○さん。あなたが一筆書けないというから仕方なく録音してるまでですよ。あなたが、自分の言葉に責任をもって対応するかどうかという大事な問題ですよ。
○○：憲法上問題ないと説明を受けました。
●●：誰から受けたんだ？
○○：言えません。
●●：なんで言えないんだ。上司の伊藤じゃないのか？ ……図星だろ……今度は伊藤に直々に聞かないといかんなあ……ふん。

憲法問題については、営業の自由や生存権について触れた裁判例があります。暴排条項によって暴力団らへの包囲網が一段と強まっていることは事実ですが、そのことをもって結社の自由の侵害というのは

少し飛躍しているように思われます。憲法上の問題については議論が存在しますが、現時点では高裁レベルではあるにせよ、憲法上の問題とはされていないというレベルの知識を共有しておく必要はあるかと思われます。

また「憲法問題については問題ないということで進めています」と述べている以上、それを録音されるのを拒否するというのもおかしな対応です。話をするときは、相手が録音しているという前提で話すべきです。「憲法上問題ない」という明確な説明を会社から受けているわけではないようですから、「問題ない」と言い切るのは危険です。正しい対応は「憲法上の問題が営業の自由や生存権の関係について裁判で問題となり、いずれも憲法の趣旨に反さないという結論となったことは承知しておりますが、結社の自由については承知しておりません。本日、そのようなご指摘をいただいた旨を社内に報告しておきます」となります。あるいは、良い例にあるように「各種法的問題については、当金庫で顧問弁護士の指導のもと慎重に精査し、問題はないと判断しております」といった対応をすべきです。

○○：それで、本日のご訪問のご用件ですが？

訪問の用件を確認した点は良いです。

●●：口座の解約は認められないちゅーことだよ。
○○：しかし、暴力団排除条項がございまして……。
●●：お前、さっきから暴力団、暴力団って軽く言ってるけどなあ、名誉棄損になるぞ。大変なこと言っていることわかってるんか？　訴えるぞ！
○○：えっ！　訴える。

「訴える」「監督官庁に言ってやる」「ネットに書き込む」等々、二当事者の話を外部の第三者にもっていくという点で、すべて同じ手口です。訴える訴えないは、こちらでコントロールできることではないので、「お客様の御判断ですから、私からは特に申し上げることはご

ざいません」と返すのが基本です。

●●：そうだよ。お前個人も金庫も全部訴えてやる。

個人をターゲットにすることで動揺を狙っています。

○○：金庫で慎重に判断した結果、条項に該当すると判断させていただきました。
■■：●●さんが口座開設した時点で、そんな条項はなかったんですよ。取引ができなくなるというそんな不利益な内容の条項を入れるのは問題ですよ。
○○：きちんとホームページ等で公にしておりますので、問題ないという理解をしております。
■■：我々は問題だと言っているんだよ。
○○：すみません。見解の相違かと思います。

会社の方針が決まっている以上、「見解の相違」として、それ以上の議論を行わないのは良い対応です。

●●：そもそも俺が暴力団ちゅーのは何を根拠に言ってるんだ。証拠見せーや。
○○：証拠は開示しておりません。

「警察照会の結果、●●様は構成員と認識しております」と答えることがあります。あらかじめ、その回答の仕方で問題ないかについて警察に確認をとっておいた方がよいです。

■■：それじゃあ、冤罪被害者が出ることになるなあ。
○○：冤罪……とおっしゃいますと……。
■■：そうでしょ。●●さんは生活口座も事業用の口座も持っていらっしゃるんだ。不便極まりないし、事業継続には即具体的な支障が生じることになりますよ。お宅に一方的に暴力団扱いされて、一方的に不利益を被ることになるわけですよ。

○○：きちんと調査のうえで進めておりますので、そのようなことは。
●●：だから、その調査結果を見せ、言うとるんや。
■■：○○さん、裁判にしましょうか。
○○：それは……。
●●：それは、なんじゃい。
○○：それは困ります。

　裁判を行うかどうかは相手方が決めることです。こちらでコントロールできないことですから、いちいち困る必要はなく「貴方様のご判断ですから、コメントする立場にはありません」と対応すべきです。

■■：どうですか、○○さん。再度検討してみてはいかがですか？　拙速はリスクを伴いますよ。どこの金融機関も横並びで導入した排除条項を何も勇んで振りかざすことはないですよ。自分が怪我をしたんじゃ身も蓋もない。
○○：いえ、検討はできません。口座は１か月後に閉めさせていただきます。
●●：先生。もういいですよ。せっかくこっちが怪我するぞって教えてやっているのに、引き返す勇気がないなら、こいつら痛い目にあわなきゃわからない馬鹿どもなんですよ。
■■：口座を閉めるっていうけど、我々は承諾してませんからね。それからね、さっきも指摘しましたが、●●さんが口座を開設したのは、もう10年も前のことだ。当時は暴力団排除条項なんて影も形もなかった。契約内容を一方当事者が一方的に変更することの問題も指摘しておきましょう。改正債権法では、おそらくこのような変更はアウトになるでしょう。

　詳細は記せませんが、法的知識は正規の弁護士並みの「法律顧問」等と称する者が登場することがあります。そのような知識を振りかざして、こちらを圧倒しようとすることがままありますが、皆様にも顧問弁護士がついているのですから、「法的問題は弁護士に相談し

ます」とか「法的問題については弁護士に報告しておきます」と対応すべきです。

○○：私は、問題はないと聞いております。
●●：あるだろうよ。先生が言ってること聞いてるのか？
■■：それに、口座の残金はどうするつもりなんでしょうね。●●さんは受け取りませんよ。口座できちんと管理していただきますから。
○○：そのときは供託させていただきます。
■■：供託っていうのは、どこでどういうふうにやるんですか？　このケースで本当にできますか？　前例がないでしょう。
○○：うーん。

　供託については数年前までは法務局でスムーズに手続ができないこともあったようですが、現在では、先にも触れたとおり「反社会的勢力の口座残高の供託」について法務局もよくわかっているのでもめることはありません。各協会から供託に先だって相手方に送付すべき通知文の案文が紹介されているので、それに則って対応すればスムーズに進みます。

■■：ご自身でちゃんとわかってないのに、マニュアルに書いてあることをなぞって言ってもダメですよ。
○○：どうしろというのですか？
●●：こういう失礼な手紙を撤回せーってことだよ。
○○：決定事項ですので。
■■：決定事項がそちらの身の破滅になると申しているんです。
○○：うーん。
■■：一度、いろいろなリスクを検討してはいかがですか？　なんなら、私が直接説明しますよ。上の方々に。それでもどうしても取引解消というなら、そのときはそのときでしょうがない。一度検討の機会をもってもそちらには何の不利益もないはずですよ。むしろ、あなたがここで蹴飛ばして引き返せなくなることのほうが問題ですよ。あなたは

第3章　実務に役立つロールプレイングシナリオ

> 『憲法上問題ない』と断言までしてしまったんだ。録音も残っている。これをネットで流したら大変な反響を呼ぶでしょうね。快く思わない人もたくさんいるでしょう。自宅まで押しかける人も出てくるかもしれない。覚悟してくださいよ。あなたは憲法に唾を吐くような発言をしてしまったんだから。これはもう取り返しがつかない。
> ○○：そのような悪用はやめてください。
> ●●：悪用。自分が言ったことだろうよ。
> ○○：ネットに流すとかそういうことはやめてください。

　発言がネットに掲載されると聞かされると大変な衝撃ですが、そもそも掲載された記事を何人が閲覧するかということがあります。ネットが炎上するなどということはマスコミも巻き込んだキャンペーンとなったときであればともかく、多くの攻撃記事は盛り上がることもなくフェイドアウトします。また、ネットに流れると困るのは、その発言が問題となることを自身でも薄々感じているからです。「自身の発言が独り歩きしても怖くない」発言を普段から心掛けていることが重要です。そうはいっても、不用意な発言を完全にゼロにすることもこれまた困難です。常に事実ベースで話すことに気を付けていれば不用意な発言を極小化できますが、相手からの指摘で自身の発言に問題があったと自覚したら、その場で撤回を告げることが最善の選択です。先の例でいえば、「『憲法上問題ない』と申し上げましたが、少々不正確でした。暴排条項に憲法上の問題があるとの指摘を私は承知していなかったので、特に問題ないものと認識しておりました。その結果『憲法上問題ない』と申し上げましたが、現に●●様が憲法上の問題として指摘されている以上、先の発言は撤回いたします。ご指摘につきましては、顧問弁護士に報告いたします」という対応、あるいは大阪高裁の知識があれば「高裁の判例に基づき、営業の自由や生存権に抵触するものではないという認識はありましたが、それ以外の問題については承知しておりませんでした。『憲法上問題ない』というのは不正確でしたので撤回いたします。ご指摘の問題については顧問弁護

士に報告いたします」との回答となります。

■■：ですよねえ。ご家族にまで迷惑がかかるからねえ。
○○：家族は関係ありません。やめてください。発言は撤回します。
●●：録音されたものは消せないよ。ネットに流れることになる自分の発言を確認するといいや。
■■：●●さん。まあ、あまり追い詰めるようなことはやめましょう。○○さん。この録音は、あなたとあなたの家族の一生にかかわる録音になってしまったねえ。悪いようにはしません。
○○：と申しますと……。
■■：私の名刺に連絡先が書いてありますね。今日は金曜日です。土曜、日曜とよーく考えてください。月曜の朝一番にあなたの希望を電話で知らせてください。善処しますので。それから、あなたの不用意な発言の件は、我々もあなたの熟慮期間中に表沙汰にするような裏切りはやりません。あなたもそこは心してください。あなたが自爆するというなら止めませんが。
○○：わかりました。
●●：よく考えとけ。俺だって、お前の家族まで巻き込みたくないからよ。
○○：はい。

　金曜日にプレッシャーをかけられると一般人は弱いものです。金曜の夜、土曜の夜、日曜の夜と三晩にわたり悪い方への想像が毎晩拡大して「ネットが炎上して、自宅にも抗議が殺到して、家族が外出することもままならない状態になる」といった客観的にはほとんど実現しないようなストーリーを「ほぼ想像通りになることは確定」といったレベルで認識してしまいがちです。しかし、これは自分一人で抱え込まないで第三者に相談するだけで解決する問題です。例えば、友人に相談すれば、「それって脅しでしょ。警察・弁護士に相談すべき」と助言してくれるでしょうから、そこで目が覚めます。

《金庫を出て》
●●：口座継続までは無理でしたね。
■■：まあ、それは無理だろう。でも○○個人を追い込んだからな。
●●：ですね。録音の買取請求でもしてくれば、一生しゃぶりつくせますね。
■■：フン、可哀想に……。
●●：まっ、可哀想な馬鹿がいるから、我々は左団扇で暮らせるわけですからね。
■■：馬鹿どもに感謝だな。
●●・■■：ワハハハ……。

　企業のガードが固くなってきたため、社員個人にターゲットをシフトすることがあります。社員に「企業防衛の意識の高まりとノウハウの浸透で企業恐喝が困難になっているので、社員個人がターゲットにされることが多いそうだから、何かあればホウレンソウを徹底するように」とアナウンスしておくことが必要でしょう。

## 5　暴力団を脱退してから5年を経過した通知対象者への対応

　組織からの離脱を申し出てきた相手方の場合、実際には初期段階で弁護士に対応をバトンタッチして弁護士が以下の内容を話すことになります。

《真実辞めていそうな対象者》
元暴：手紙届いたけど、私はもう7年前に辞めてるんですけど。やっぱり一度でも組と関係があったらアウトなんですか？
支店：○○様、7年前に辞められたとのことですが、今は何をなさっているんですか？
元暴：小さいけど建設関係の下請の会社を作って頑張っているんですよね。
支店：申し訳ないのですが、当局の方のデータに残ってしまっているんですよ。当局データに残っているという事実があるのに、当行としてそのまま取引継続というわけにはまいりません。
元暴：やっぱりそうなっちゃうんですよね。
支店：どうでしょうか、○○様、所轄警察に現状をきちんと説明して認定を外す努力をしていただけませんか。私どもの方でも顧問弁護士と協議して本庁の組織犯罪対策課につなぐといったことも、できる範囲では検討したいと思っております。
元暴：本当ですか？　よその金融機関では門前払いされたのに……。
支店：私どもは地域密着型の金融機関です。地域で真面目に働いて更生に努めている方々のお力になるために、できる範囲のことはさせていただきたいと考えております。ただ、ダラダラと時間だけ経過しても困るので、進捗状況については随時ご連絡いただけますでしょうか。そうであれば、数か月の間お待ちさせていただきたいと思います。
元暴：本当にありがとうございます。早速、所轄警察に相談に行きたいと思

います。

《真実辞めているか疑わしい対象者》
元暴：手紙届いたけど、俺はもうとっくの前に辞めてるから、今回の手紙、間違ってるよ。
支店：○○様、「とっくの前」というのは、いつどういう形で辞められたのでしょうか？
元暴：とっくの前はとっくの前だよ。
支店：まず、組織から離脱されてから5年内か5年超かということが一つ問題となりますので、時期については正確に教えていただきたいのですが。
元暴：5年とかそんなレベルの話じゃないから。そもそも誰が俺のことを問題あるとか言ってんだ？
支店：当局でございます

　○○警察という個別の署の名前を示してよいか、当局止まりとするか、警察に必ず事前に確認をとっておかなければなりません。

元暴：当局ってったっていろいろあるだろうよ。
支店：申し訳ありません。「当局」は「当局」としかお答えするわけにはまいりません。
元暴：警察だろ。
支店：当局でございます。
元暴：だから警察だろ。
支店：ご判断は○○様にお任せいたしますが、私どもは公的な機関の確認をとっております。申し訳ありませんが、当局からはお取引に差し障りがある先ということで照会結果をいただいております。
元暴：何それ？　警察ったって、全部を追い切れてないから。間違ってるよ。そのデータ。
支店：私どもといたしましては、○○様が当局の認定から外れて、その結果

## 5　暴力団を脱退してから5年を経過した通知対象者への対応

　　　　○○様がお取引を継続するに差し障りがないということであれば改めて検討できるのですが、「該当あり」との回答をいただいている状態であれば解約をお願いするほかありません。
元暴：困ったなあ。どうすりゃいいんだ。
支店：まずは最寄りの所轄警察に相談されてはいかがでしょうか？
元暴：ダメダメ、警察の連中なんか信用できないから。
支店：○○様、これは密接交際者に関する裁判所の判断ですが、過去の一時点で密接な交際と認められる関係のあった方は、その関係を遮断したということをきちんと説明できないと、現在においても密接な交際があるものと事実上推認されるという判断が出ております。組織に以前関係があった方が、今は違うとおっしゃる場合も同様に、特定の時期にきちんと関係を遮断したということをご説明いただけない限り、私どもとしては現在も関係ありと判断せざるを得ません。
元暴：もう時間も経っちゃっているから、今さら兄貴分に「辞めたことを証明してください」とも言えないでしょうよ。無茶言うなよ。
支店：申し訳ありませんが、辞めたことをわかるようにご説明いただかないと私どもといたしましては解約させていただくほかありません。
元暴：そうなると裁判しかないか……。
支店：裁判をなさるかどうかは○○様のご判断ですから、当行として何か申し上げる立場にはありませんが、行き違いをなくすという意味でいかがでしょうか、一度警察に相談されては？
元暴：もういいよ。
支店：解約手続きの方、よろしくお願いいたします。
元暴：どうすりゃいいんだよ。
支店：ご説明させていただきます……（以下、手続の説明へ）。

　真実、組織から離脱して真面目に更生を考えている相手でしたら、警察の認定を変えられる可能性があるのであれば具則に動くのが通常です。こちらの離脱・更生（ホワイト化）の薦めに関心をもたないこと自体、離脱事実を疑わせる事情になります。

また、離脱したと称する者のほか「そもそも私は、そういった問題ある組織とは一切関係がない」と述べる者もいます。偶然に同姓同名で生年月日が同一の者が同じ地域にいる可能性は一応頭の片隅におく必要はありますが、近時の警察照会への回答は正確性の確保がより徹底していますので、芝居を打っている可能性がはるかに高いと考えた方がよいでしょう。

　なお、前頁で言及された密接交際に関する裁判例は、大阪地裁平成22年8月4日決定のものです。

# 第4章
# 社会は確実に変わる

1　今後の課題 140
2　あんたはヤクザをどう思ってんだ？ 143
3　私はヤクザよりキレやすい一般人の方が
　　怖い 146
4　社会は確実に変わる 149

## 1 今後の課題

　先日、地方出張の際、民暴の大先輩と夕食を同席する機会を得ました。私は、法律雑誌もしっかりチェックしているほうですが、やはり現場の第一線で活躍されている方々の話は非常に勉強になりますし、何よりも今、執筆している時点で、反社会的勢力に武器を与えることになってしまうがゆえに「活字にできないこと」が山ほどあることに気づき打ちのめされている私にとって、そのようなことに気を遣うことなく生々しい情報交換をできる場はこのうえなく貴重な機会です。また、大先輩にとっても少しでも役に立つ時間となっていればと願うばかりです。

　さて、その夜の話題の中から本書に採り上げておきたいことの一つに、更生問題があります。

　暴力団員の組織からの離脱が相当程度進行していることは、第1章で記したとおりです。実際に私自身、取引解消の通知先から「辞めたい」とか「とっくの昔に辞めているんですが、まだ私、そういう登録が残っているんですか」と言われることがしばしばあります。ある組織では開催していた暴排条例等へ対抗するための勉強会をやめたそうです。その理由は、勉強会を行うたびに離脱希望者が続出するからと聞きました。暴排条例等の包囲網の現実を聞かされると、もうやってられないという気持ちになるのでしょう。

　私は、ヤクザになるしかない生まれや育ちがあるという暴力団側の意見は聞いたことがありますし、そのような事実を否定するつもりはありません。しかし、だからといって暴力団組織の存在が正当化されることにはならないと思います。現に、現在の暴排のムーブメントの下支えになっているのは「社会の要請」です。

　少なくない数の暴力団幹部が「もうヤクザの時代じゃない」と私に漏らしました。若い衆は買い物等のお使いに便利で必要な存在ながら「入ってくる奴な

んかいないよ」という声も聞きます。新入社員の入ってこない会社に成長が見込めないのと同じ現象が起きているのかもしれません。

　先日会った暴力団の幹部は非常に先見性のあることを言っていました。「町なかに堂々と事務所を構えることができる国なんて、日本くらいのもんだよ。世界中探してもそんな国はない。マフィアの事務所なんか探そうったって探せるもんじゃない。東京オリンピック開催が決まって世界中から注目が集まり、多くの人が来る日本で、今までのやり方は難しいだろうな」と。

　古くから組織にいる人は今の組織の在り方に限界を感じており、かつ若い人が入ってこないとなると、やはり組織を離脱する人は増え続けることになると思います。現に、8万人時代は遠い昔のこととなり、平成26年3月に発表された警察庁の「暴力団情勢」によると遂に6万人を割りました。辞めた人はどこにいくのでしょうか。大先輩の弁護士は「5年条項がネックなんだよな」とおっしゃいました。

　5年条項とは、暴力団を離脱しても5年間は「反社会的勢力」というカテゴリーに入れるとするものです。実際、これは大変なネックになっていて、私自身、何人もの組員から「辞めたいけど5年間は就職もできないんじゃどうにもならんでしょ」と言われました。5年条項は、もともと偽装離脱した組員を捕捉するための工夫です。しかし、「5年」という数字が独り歩きしたきらいがありますし、さらに言えば、金融機関からすれば「偽装か真実の離脱か」といった面倒くさいことを考慮しなくとも、単純に「5年以内。はいアウト」とすれば楽ですから、ついつい5年条項の形式的な適用に走りたくなります。でも、本当にそれで金融機関としての「社会的責任」を果たしているといえるのでしょうか。社会的責任とは「排除」を推し進めるということもありますが、排除の効果として8万人が6万人になり、さらには5万、4万となったときには、辞めた人の「更生」まで考えて初めて、社会的責任を果たしたといえるのではないでしょうか。究極は、金融機関が従業員数との比率で一定割合の元反社を採用することですが、8万人が4万人、3万人となれば考えなければならない課題となることは目に見えています。

　そこまでのことは即実現しないとしても、次のような酷なことは是非とも回避していただきたいと思います。

## 第4章　社会は確実に変わる

　ある組織の組長と、顧問先金融機関の応接で話をしたときのことです。彼は現役です。

　彼の知り合いの別組織の幹部が警察と連携して組を辞めたそうです。そして、その人を採用した会社があります。この会社はメインバンクとの取引が古くからあったので問題ない企業です。元幹部は勉強してその仕事に必要な資格もとりました。毎日充実した日々を過ごしていた元幹部の耳に届いたのは、就職した会社へのメインバンクからの今後の取引の見直しの通告。すべてを察した元幹部は辞表を提出しました。

　この話を私と副支店長とコンプライアンス室長は一緒に涙を溜めて聞いていました。

　元暴力団員の積極的な雇用の話は、もう少し時間がかかると思います。しかし、先取の志で元暴力団員を採用した企業に圧力をかけることで元暴力団員の更生を阻害するようなことは自制していただきたいところです。もちろん先の金融機関は圧力をかけようと思ってやったわけではなく、自行のリスク管理の一環だと説明することでしょう。しかし、金融機関はこのような強い立場にある以上、強い立場の者が動くことでどのような影響があるかまでを考える必要があるし、それもまた「社会的責任」ではないでしょうか。

　もう一つ、大先輩が漏らしたのは「少しいけいけドンドンが過ぎるんだよなあ」ということです。平成19年6月に政府指針がリリースされて以降、多少危なっかしいこともありましたが、概ね順風満帆の風が企業側に吹いていたと思います。しかし、調子に乗っていると足をすくわれるのが世の常。積極的な反社会的勢力排除に向けた取組みは重要ですが、そのアクションが契約や法令に抵触しないか、社会の要請からズレていないかを常にセルフチェックしつつ、地に足の着いた反社会的勢力排除を進めていくよう留意いただきたいところです。

　その際、議論にあがったテーマは「生活口座」「家族口座」「5年条項」です。いずれについても暴力団組織の活動を助長するかどうかという視点で見て、行き過ぎのきらいがないかを検討する必要があると思います。

## 2 あんたはヤクザをどう思ってんだ？

　合意解約交渉の場面で、暴力団幹部から突然ラジカルな質問を投げかけられました。
　「なあ弁護士さんよー。ぶっちゃけ、あんたは俺たちヤクザのことをどういう風に考えてるんだよ」
　この質問は、私が、ある広域暴力団の幹部と口座取引の解消に関する折衝の電話中に、幹部から投げかけられた質問です。私は間髪おかずに返答しました。
　さて、私はなんと答えたのでしょう。
　民暴事件を取り扱っている若手弁護士らに「あなたがこういう質問をいきなり投げられたら、さあ、どう返す？」と問うと、一様に絶句して「うーん……」と考え込んでしまいます。私が「電話の向こうにはヤクザがいて、さあこの弁護士は何と答えるんだろうと待っているのに、そこで『うーん』じゃまずいでしょう。さあ、どうするの？」と問うても、やはり答えは出ません。
　「なあ弁護士さんよー。ぶっちゃり、あんたは俺たちヤクザのことをどういう風に考えてるんだよ」
　というヤクザの問いに、私は間髪おかずに、
　「最低の連中だと思っています」
　と答えました。「『ヤクザを挑発してはいけない』と森原弁護士はいつも言っているのに、そんなこと言っていいんですか」といった声が聞こえてきそうな答えです。
　単に「最低の連中だと思っています」で終わってしまったら、たしかに挑発ともなり得る回答です。実際、電話の向こうからは息を呑む気配が伝わってきました。
　私は、続けて言いました。「私が、どうしてヤクザを最低と思っているのか聞いてください。私は、バブルがはじけた後に弁護士となりました。酷い現場

をたくさん見てきました。お父さんが会社に出かけ、子供が学校に行き、お母さんが夕飯の買い物に出掛けているときに、ヤクザやその手先が鍵を壊して家に入り込み、家族の安らぎの場であった家を占拠するんです。そして一晩で、家財道具をすべて運び出し、売りさばきます。私が、あなた方を血も涙もない連中と思ったのは、家財を運び出している途中に落ちたと思われる『七五三の家族写真』が踏みつけられて泥まみれになっているのを見た瞬間です。『人としてどうなんだ』と思いましたよ」

そう告げると、「確かに俺たちの中には薬やったり盗みやったりする悪い奴もいるからな」という良いヤクザと悪いヤクザの二分論の説明が始まりました。

今でこそ第1章で記したとおり、覚せい剤と窃盗は、暴力団員らが検挙される際の犯罪のトップ1、2を占めることが多く、大多数のヤクザは二分論によれば悪いヤクザになることがわかります。しかし、平成7年、8年当時の私は、「薬をやったり盗みをやったりする悪いヤクザ」がどのくらいの割合で存在するのか知らなかったので、このときは数字に基づいた的確な反論ができませんでしたが次のように返しました。

「どんな集団にも人としての良心をきちんともっている人と、良心を忘れてしまった人がいるでしょうね。でも、出身地にせよ、所属企業にせよ、出身校にせよ、例えば、どこかの県という一つの集団の中のとんでもない人と遭遇してしまったら、たった一人に嫌な目にあわされただけなのに、『俺は○○県の人間は大嫌いだ』って言いますよね。あなたのおっしゃるとおり、良いヤクザもいれば悪いヤクザもいるのかもしれません。でも、私が出会ったヤクザは七五三の家族写真を踏みつけても胸が痛まない人たちだった。そういう原体験がある私が、ヤクザを最低の連中だと思ってしまうこともご理解ください」と。

相手は「まあ、そういうロクでもない奴に遭遇してしまったら、そいつが属する集団もロクでもないと受け止めてしまうことはよくあることだよな。弁護士さんが、俺たちを最低という理由はわかったよ」と答えました。

このエピソードを紹介したのは、私が多くの民暴事件、ここ最近では金融機関と反社会的勢力の取引解消の場で比較的良い成果を収めることができる理由のようなものがここにあると感じているからです。このことは、ヤクザに「あなたがたは最低だ」と正面切って言えるようにしてくださいということではあ

りません。反社会的勢力と対峙するにあたっての自分なりの「軸」をもっておくことが大切ではないかということです。

「あんたはヤクザのことをどう思っているんだ」という問いに対する答えは何でもいいのです。私のような「この人たちは酷いことをする人たちだ。許せないな」という思いがあれば、先のように多少なりとも辛辣なことを言うことになるでしょう。そういう経験が自分自身にはない人でも、暴力団の抗争で一般人が犠牲になったことは知っているでしょうから「人に迷惑をかける生き方には共感できません。ただ、私は反社会的勢力との取引解消を主管する部門の責任者ですから、私の仕事を粛々と進めるだけです」という答えになるでしょう。この答えは、多くの企業の反社対応部門の担当者の答えにもなると思います。

仕事で反社対応を行うポジションに着任したはいいけど、怖くて怖くて仕方がないという人は、「ヤクザをどう思っているか？　アウトレイジって映画を見てとても怖いと思いました。怖いです」という答えになるかもしれません。

やってはいけないことは、問われたとき自分の意見を言えない。あるいは問われたとき相手の顔色を伺っておもねるような答えを返すといったことです。考えてみれば、社会の要請を受けて企業の重要な取組みとして反社会的勢力の排除を行っているのに、排除対象である反社会的勢力について自分の想いが何もないということはおかしなことです。反社会的勢力との交渉に際して、シンプルなものでもいいから、自分自身の反社会的勢力に対する考え方をもっていることは強みになります。私のような長々とした説明をしなくとも、「私は、人様に迷惑をかける方を認めることはできないんですよ」と本気で思っている人が、淡々とその旨を反社会的勢力に伝えたとき、反社会的勢力は返す言葉をもたないと思います。

## 3 私はヤクザよりキレやすい一般人の方が怖い

　ヤクザと交渉するには「胆力が必要か」という問いがあります。

　実は、胆力はそれほど重要なポイントではありません。とてつもなく恐ろしい交渉相手と交渉するのであれば胆力は必要です。しかし、すでに述べたとおり、剥き出しの暴力が金融取引の解消の交渉の場面で飛び出すことなどおよそ考えられません。丁寧な応接と丁寧な言動で誠実に説明を尽くすまでです。

　最近、街を歩いていると信じられない光景を目にすることが少なくありません。先日は、若いサラリーマンが中年のサラリーマンを歩いて追い越したときに中年のサラリーマンの肩に若いサラリーマンの肩が少々強めに当たりました。「あっ、すみません」の一言もありませんでした。その時、中年のサラリーマンが何をやったと思いますか？　信じられないことに、彼は追い越したサラリーマンに助走をつけてなんと飛び膝蹴りを繰り出したのです。若いサラリーマンは歩いているので、飛び膝蹴りはクリーンヒットすることなく若いサラリーマンの背中をこするような形となってしまいました。その後、振り向いた若いサラリーマンと中年サラリーマンはつかみ合いの喧嘩です。全く信じられないことです。この種の光景は、特に都会では結構見られることです。社会に対する不満があるのか、会社に対する不満があるのかよくわかりませんが、キレやすい変な一般人が増えたように思います。通勤電車での言い争いや喧嘩など、しばしば目にするところです。私は、反社会的勢力よりも、こういう人たちの方がはるかに怖いです。反社会的勢力は、先のような異常行動はとりません。とりわけ一般人に暴力を振るうなどということになれば即警察が動きますので、そのような合理性を欠く行動は選択しません。にわかに信じられないことかもしれませんが、私は企業からトラブルに関して相談を寄せられたときに、私はトラブルとなっている相手方が暴力団員であれば少しホッとします。トラブルの相手方が一般人で、かつ社会通念に照らして行き過ぎた要求を執拗に繰

り返している人物であるときは、正直「しんどいなあ」と感じます。

　私も50歳の声を聞くまでは、先のようなサラリーマンの喧嘩の仲裁に入ることもありましたが、今は放っておきます。余談ながら、私の元ボスの弁護士は、加減を知らない一般人が平気で暴力を振るうこともある今でも、社会のルールから外れた行動を街の中や電車の中でとっている人を見かけたら注意しています。高校生が煙草を吸っているのを見て見ぬふりはしませんし、電車のシートに酔っ払いが寝ている場面に遭遇したら、「あなたがきちんとしていれば5人も6人も座れるじゃないですか」と言ってシートから引きずり降ろしてしまいます。そしてその空いたシートに座ります。私は、以前から元ボスに対して「世の中変な人が増えたから、関わらない方がいいですよ」と進言していますが、全く聞いてくれません。彼は、危険も顧みず間違いなく正しいことを実践していますが、私は彼のようにはできません。弁護士として駆け出しの5年半の期間、彼のもとで弟子として修業させていただきましたが、その期間を通じて、なぜ彼が先のようなことを行ったとき反撃されないかということを私なりに理解しました。それは「あなたがきちんとしていれば」と彼が話すときの、目や身体から溢れ出る意思の強さです。

　私は、肩が当たったくらいで追いかけて飛び膝蹴りをする人は怖いので、関わりたくありません。おとなしそうにしているけれど、すぐにキレて剥き出しの暴力を振るう人の方が反社会的勢力よりよほど危険だと思うからです。私は、危険だとか怖いとか思っているから、その怯んだ気持ちが目や身体から出てしまっているのだと思います。私の元ボスは、反社会的勢力だろうが一般人だろうが人に迷惑をかけている人は許さんぞという信念があるから、社会のルールを逸脱している人の方が彼に怯んでしまうのだと思います。

　私が、何をやるかわからない一般人に対しても、元ボスのように対峙できるかどうかはわかりませんが（今のところ全く自信がありません）、反社会的勢力にはきちんと対応できる自信があります。たしかに、反社会的勢力の醸し出す雰囲気・目ヂカラ・話し方は怖いですが、無用な挑発を行わない限り剥き出しの暴力が繰り出されることはないことを知っているし、かつ無用な挑発を行わないようにするための準備も簡単だということを知っているからです。私には、先に述べたようにバブル崩壊後の不良債権回収にからむ原体験があります

147

ので、反社会的勢力は許せない連中ですが、交渉に際して「許せない」といった態度は微塵も見せません。話しぶりは一貫して丁寧な応接と丁寧な言動です。金融機関を取り巻く社会環境と反社会的勢力を取り巻く社会環境を心を尽くして説明しているだけのことです。しかし、許せない相手に一歩も譲歩しないぞという意思の力は滲み出ているのかもしれません。

　読者の皆様も、「他人に迷惑をかける人は許せない」と感じる方がほとんどではないでしょうか。その迷惑をかけている人が、何をやるかわからない一般人と合理的な計算で動いている反社会的勢力のいずれの方が御しやすいかを考えてみてください。明らかに反社会的勢力の方が対応しやすいという結論になるのではないでしょうか。良いヤクザと悪いヤクザが仮にいるとしても、警察が示す数字はクスリと盗みを行う者が核となる犯罪集団であることを示しています。「堅気には手を出さない」と言いつつ、自分たちの抗争に民間人を巻き添えにすることを辞さないのが現実です。彼らが屈してはいけない相手であり、取引社会へ入場することは絶対に認めてはいけない相手であると同時に、キレやすい一般人よりはるかに冷静な話ができる相手であることを理解すれば、入口の取引謝絶も出口の取引解消に向けた交渉もできないことではないかも？と少しだけでも自信の芽が出てくるのではないでしょうか。警察や弁護士ときちんと連携すれば、その自信はより一層深まります。

# 4 社会は確実に変わる

　私が弁護士になった20年前から、「暴力団壊滅」といったスローガンはありました。しかし、私自身、10年前には暴力団壊滅の予感、萌芽は全く感じることができませんでした。7年前に政府指針がリリースされたときも、まさかここまでドラスティックな変化が起きるとは考えてもみませんでした。平成20年の金融庁監督指針改正の対応等に追われているうちに、いつの間にか暴力団を取り巻く環境は激変しました。「暴力団壊滅」は単なるスローガンではなく、にわかに現実味を帯びてきました。

　他方で「暴力団がなくなるなんてあり得ないし、地下に潜るだけだ」という声も最近よく聞くところです。私は、地下に潜ってお金が稼げるならば地下に潜ることもあるだろうなと思いますが、地下にそんな金脈があるとは思えません。平成4年に暴対法が施行されたときにも「地下に潜る」と言われたそうですが、地下ではなく逆に地上の取引社会に進出してきたのが現実です。

　今、政府指針と暴力団排除条例によって、平成4年の暴対法施行を契機に取引社会に進出した彼らの取引社会からの退場が強力に推進されています。暴力団員自身が「もう暴力団の時代じゃない」と独白する社会が現実なのです。10年前に、暴力団員が口座も作れずゴルフもできなくなる時代が到来することを予想した人がほとんどいなかったように、10年後に暴力団が壊滅することを予想する人は平成26年の今現在はまだまだ少ないかもしれません。「警察対反社」だけでは実現できない課題かもしれませんが、今や「社会対反社」の時代です。社会の要請を受けて反社会的勢力との関係遮断をＣＳＲ（企業の社会的責任）と位置づけた企業が一斉に動き出せば、そのインパクトは絶大です。したり顔で「暴力団はなくならないよ」と言っている方は、企業のＣＳＲへの取組みを甘くみているのではないかと私は思います。

　人様に迷惑をかける人をきちんと排除する社会、そして迷惑をかけることを

第4章　社会は確実に変わる

やめた人を受け入れる社会、そんな社会は20年前には遠い世界のことでした。今は、そう遠くない未来に、そんな社会が実現するような気がしています。

# 資　料

## ●資料1　代理人に関する確認シート（例）

---

　弊社では、昨今のコンプライアンスを徹底する社会環境・法環境に鑑み代理人ないし付添い人等といったお立場で弊社を訪問される方々に、次の事項を確認させていただいております（ただし弁護士資格を保有する代理人は除く）。

　1．ご本人との関係

　2．今般代理人となることについて報酬の取決めはありますか？（具体的な金額についてはお答えいただく必要はありません）
　　・有
　　・無

　3．代理人として折衝等されることは継続的に行われていることですか？
　　・今回初めて
　　・過去にもある（頻度について具体的に記入願います）

　　　　　　　　　　　　　　　　　　　　　住所
　　　　　　　　　　　　　　　　　　　　　氏名

　　チェック欄　　　委任状の有無　　有・無

---

　前著で紹介した「代理人に関する確認シート」は「うちで使ってます」といった話もちらほら伺うことができ、著者冥利につきるところです。

　このシートは最終的に記入してもらえなくとも構いませんので、その点補足いたします。

　このシートは、代理人と称して交渉の場に現れながら弁護士法違反を問われないか内心ビクビクしている付添人に対する牽制球と位置づけてください。

　二度ほど記入を要請し、嫌だと言われたら「そうですか。では結構です」と引き取って担当者が「記入拒絶○月○日何時何分」とつぶやきながら記入してください。実際に記入にいたらなくとも「この金融機関は弁護士法を意識していて、深入りは危険だなぁ」と付添人が思ってくれればそれで十分です。

## ●資料2　第1弾の合意解約招致レター　　　　　　　　　　（1/3）

　　　　　　　　　　　　　ご　通　知

冠省

　当職らは、●●●●（以下、「通知行」という）の代理人として貴殿に対し、次のとおり通知いたします。

　通知行と貴殿との間で、別紙契約目録記載の契約（以下、「本件契約」という）を締結しておりますが、貴殿もご承知のとおり、平成23年10月までに、全国でいわゆる「暴力団排除条例」が施行され、通知行においても当局の指導のもと、条例ならびに条例の趣旨に適合した業務運営に努めているところです。

　このたび、貴殿と通知行との間で締結されております本件契約の継続に関して、差し障りがある旨の確認がとれました。つきましては、昨今の情勢をよろしくご斟酌いただき、本件契約について合意解約させていただきたくお願い申し上げる次第です。

　もとより、突然このようなご通知を差し上げた次第ですから、貴殿におかれましても、ご主張ならびにご不明な点もあろうかと存じます。頭書記載のとおり、本件につきましては当職らが通知行より代理人として一切の委任を受けておりますので、当職らにて貴殿のご主張等を受け賜りたいと存じます。是非とも真摯にお話し合いをさせていただきたいと考えておりますので、ご都合のよい日時をご連絡いただきたくお願い申し上げます。

　急なお願いで誠に恐縮ですが、何卒よろしくお願い申し上げます。

　　　　　　　　　　　　　　　　　　　　　　　　　　　　　　草々

平成26年　　月　　日

〒　　－
東京都
○○　　○○　様

　　　　　　　　　　通知行
　　　　　　　　　　〒
　　　　　　　　　　東京都
　　　　　　　　　　●●●●

　　　　　　　　　　通知行代理人
　　　　　　　　　　〒105－0001
　　　　　　　　　　東京都港区虎ノ門5－11－1
　　　　　　　　　　オランダヒルズ森タワーＲｏＰ　503号室
　　　　　　　　　　森原憲司法律事務所

　　　　　　　　　　弁護士　森　原　　憲　司
　　　　　　　　　　弁護士　増　田　　洋　平

　　　　　　　　　　電　話　03－5405－2220
　　　　　　　　　　ＦＡＸ　03－5405－3390

契約目録

平成26年　　月　　日現在

| 通番 | 口座名義 | 取引店 | 科目 | 口座番号 | 契約日<br>(口座開設日) | 残高(円) |
|---|---|---|---|---|---|---|
| 1 |  |  |  |  |  |  |
| 2 |  |  |  |  |  |  |
| 3 |  |  |  |  |  |  |
| 4 |  |  |  |  |  |  |

●資料3　第2弾の合意解約招致レター（黙示の承諾）

ご　通　知

前略　失礼いたします。
　当職らは、●●●●（以下、「通知行」という）の代理人として貴殿に対し、次のとおり通知いたします。
　貴殿宛てに、平成26年○○月○○日付到達の通知書にて、下記のとおりのご案内を差し上げております。

記

　通知行と貴殿との間で、別紙契約目録記載の契約（以下、「本件契約」という）を締結しておりますが、貴殿もご承知のとおり、平成23年10月までに、全国でいわゆる「暴力団排除条例」が施行され、通知行においても当局の指導のもと、条例ならびに条例の趣旨に適合した業務運営に努めているところです。
　このたび、貴殿と通知行との間で締結されております本件契約の継続に関して、差し障りがある旨の確認がとれました。つきましては、昨今の情勢をよろしくご斟酌いただき、本件契約について合意解約させていただきたくお願い申し上げる次第です。
　もとより、突然このようなご通知を差し上げた次第ですから、貴殿におかれましても、ご主張ならびにご不明な点もあろうかと存じます。頭書記載のとおり、本件につきましては当職らが通知行より代理人として一切の委任を受けておりますので、当職らにて貴殿のご主張等を受け賜りたいと存じます。是非とも真摯にお話し合いをさせていただきたいと考えておりますので、ご都合のよい日時をご連絡いただきたくお願い申し上げます。
　急なお願いで誠に恐縮ですが、何卒よろしくお願い申し上げます。


　ところが、本日に至るまで、貴殿より何らのお問合せもいただいておりません。
　このような経過に鑑み、通知行といたしましては、貴殿が本件契約の解約について特にご異議なきものと思料しておりますが、念のため、ご異議がございましたら、本通知書受領後1週間以内に当職らまでご連絡いただきたくお願い申し上げます。期間内にご連絡をいただけない場合は、貴殿にて本件口座の解約につき、特段の異議なく黙示的に承諾いただいたものとして解約させていただく所存です。ご承知おきください。
　なお、本通知受領後1週間経過時に合意解約となりますが、その際は解約代わり金の支払いをいたしますので、平成26年○○月○○日までの間において、届出印、通帳、キャッシュカードをご持参のうえ取引店までご来店ください。また、来店に先立ちましては、来店の日時を当職に電話連絡いただければ幸いです。

草々

※最終段落の○○月○○日には、解約から営業日ベースで5日程度空けた日付を入れます。
　この最終段落は、法務局への供託の際、必要となります。

平成26年　　月　　日

〒　　－
東京都
　〇〇　　〇〇　様

　　　　　　　　　　通知行
　　　　　　　　　　〒
　　　　　　　　　　東京都
　　　　　　　　　　●●●●


　　　　　　　　　　通知行代理人
　　　　　　　　　　〒105－0001
　　　　　　　　　　東京都港区虎ノ門5－11－1
　　　　　　　　　　オランダヒルズ森タワーＲｏＰ　503号室
　　　　　　　　　　森原憲司法律事務所

　　　　　　　　　　弁護士　森　原　憲　司
　　　　　　　　　　弁護士　増　田　洋　平

　　　　　　　　　　電　話　03－5405－2220
　　　　　　　　　　ＦＡＸ　03－5405－3390

《著者略歴》
## 森原　憲司（もりはら　けんじ）

| | |
|---|---|
| 1992年10月 | 司法試験合格 |
| 1993年 4 月 | 司法研修所入所（47期　修習地　東京） |
| 1995年 4 月 | 弁護士登録（東京弁護士会所属）　虎門中央法律事務所入所 |
| 2000年 9 月～ | アフラック（アメリカンファミリー生命保険会社）企業内弁護士（2005年 9 月退社まで） |
| 2001年 4 月～ | アフラック法務部長 |
| 同年 6 月～ | 日本弁護士連合会民事介入暴力対策委員会委員（2007年 6 月まで） |
| 2004年 4 月～ | 早稲田大学21世紀COE《企業法制と法創造》総合研究所　学外研究員（2005年 3 月まで） |
| 2005年10月～ | 森原憲司法律事務所開設 |
| 2006年 6 月～ | 日本弁護士連合会国際刑事立法対策委員会（2007年 6 月まで） |
| 2006年 7 月～ | 東証 2 部上場企業第三者コンプライアンス委員会委員（2007年 6 月まで） |
| 2009年 4 月～ | 東京弁護士会弁護士業務妨害対策特別委員会副委員長（2011年10月まで） |
| 2010年10月～ | 日本CSR普及協会会員 |

《主な著書》
『反社会的勢力対策とコンプライアンス―CSR主義の実践―』『苦情・クレーム対応とコンプライアンス―CS主義の実践―』（以上、経済法令研究会）、『営業店の反社取引・マネロン防止対策ハンドブック』（共著、銀行研修社）

---

## 金融機関の反社取引出口対応 ―関係遮断の実際と手引き―

| | | |
|---|---|---|
| 2014年 8 月15日　初版第 1 刷発行 | 著　者 | 森　原　憲　司 |
| 2015年 7 月30日　　第 2 刷発行 | 発行者 | 金　子　幸　司 |
| | 発行所 | ㈱経済法令研究会 |

〒162-8421　東京都新宿区市谷本村町 3-21
電話 代表 03-3267-4811　制作 03-3267-4823

〈検印省略〉

営業所／東京 03(3267)4812　大阪 06(6261)2911　名古屋 052(332)3511　福岡 092(411)0805

カバーデザイン／清水裕久　　制作／中原秀紀　　印刷／日本ハイコム㈱

ⒸKenji Morihara 2014　Printed in Japan　　　　　　ISBN978-4-7668-2350-9

　　　　"経済法令グループメールマガジン"配信ご登録のお勧め
　　当社グループが取り扱う書籍、通信講座、セミナー、検定試験情報等、皆様にお役立ていただける
　　情報をお届け致します。下記ホームページのトップ画面からご登録いただけます。
　　　　　☆　経済法令研究会　 http://www.khk.co.jp/ 　☆

定価はカバーに表示してあります。無断複製・転用等を禁じます。落丁・乱丁本はお取替えします。